T0129532

VERHANDELINGEN

VAN HET KONINKLIJK INSTITUUT
VOOR TAAL-, LAND- EN VOLKENKUNDE

79

A. KLOKKE-COSTER
A. H. KLOKKE
M. SAHA

DE SLIMME EN DE DOMME

NGADJU-DAJAKSE VOLKSVERHALEN

'S-GRAVENHAGE - MARTINUS NIJHOFF 1976

DE SLIMME EN DE DOMME

VERHANDELINGEN

VAN HET KONINKLIJK INSTITUUT
VOOR TAAL-, LAND- EN VOLKENKUNDE

79

A. KLOKKE-COSTER
A. H. KLOKKE
M. SAHA

DE SLIMME EN DE DOMME

NGADJU-DAJAKSE VOLKSVERHALEN

'S-GRAVENHAGE · MARTINUS NIJHOFF 1976

I.S.B.N. 90.247.1934.8

TER INLEIDING

"Van de volksverhalen van Borneo weten we veel te weinig", schreef L. M. Coster-Wijsman in haar proefschrift van 1929. "Een echte Uilespiegelfiguur is van Borneo niet bekend; in een paar verhalen van de Olo Ngadju treedt Sangumang als de slimme op." (p. 17)

Nadat wij als artsen tussen 1949 en 1959 in Kalimantan (Borneo) gewerkt hadden, wisten wij dat er véél verhalen over Sangumang bestaan. Enkele ervan zijn in het Duits vertaald (H. Sundermann, 1912), maar een serie ontbrak nog. Toen in 1969 Ds. Munte Saha uit Bandjermasin ons in Nederland bezocht, hebben wij met hem besproken welke soort verhalen wij zochten. Een jaar later ontvingen wij van hem twintig vertellingen in de Ngadju Dajakse taal, opgetekend uit de mond van zijn grootmoeder. Tien ervan betreffen Sangumang, de slimme, die telkens zijn oom, de koning, voor de gek houdt. De tien andere gaan over Bapa Paloi, de domme, die door zijn vrouw, Indu Paloi, de les gelezen wordt. Aan beide groepen van verhalen gaat een inleiding vooraf van de hand van Ds. Saha.

Sangumang en Bapa Paloi zijn, volgens inlichtingen van R. Pahu uit Kuala Kapuas, geen bewoners van deze aarde. Zij zijn *Sangiang*s en leven in de bovenwereld. De bovenwereld is overigens een getrouwe afspiegeling van deze wereld (zie ook Hardeland, 1859). De dorpen liggen er net als in Kalimantan aan de rivieren, en het leven speelt zich af zoals in de dorpen van Kalimantan. Bapa Paloi heet eigenlijk Rasing (*rarasing* = boos), maar het is bij de Dajaks gebruikelijk om ouders na de geboorte van het eerste kind naar dit kind te noemen. Bapa en Indu Paloi betekent dus vader en moeder van Paloi. Bapa Paloi woont aan de rivier de Mantawa Bulau, Sangumang in Lewu Telo (de drie dorpen) aan de rivier de Sangkalelak Bulau, twee van de 160 rivieren die de bovenwereld rijk is. Zij stammen beiden af van Radja Pampulau Hawon. Sangumang en zijn moeder staan in de Kaharingan godsdienst bekend als geesten die om hulp aangeroepen kunnen worden.

Als toegift deed Ds. Saha ons nog een modern verhaal over Bapa Paloi toekomen, door hem zelf geschreven en reeds uitgezonden door radio Palangka Raja. In dit verhaal leeft Bapa Paloi niet meer in de bovenwereld, maar is hij een man uit het tegenwoordige Midden-Kalimantan.

Er is bij de vertaling naar gestreefd de tekst wel zin voor zin te volgen, maar niet altijd woord voor woord. Het Dajaks is zeer levendig en een stijve vertaling zou de teksten tekort doen. Zonder het Dajacksch-Deutsches Wörterbuch van Aug. Hardeland (1859) zou deze vertaling niet tot stand hebben kunnen komen. Daarnaast bleef Ds. Saha ons met de vertaling helpen. Een enkele moeilijkheid kon opgelost worden met behulp van J. Mallinckrodt's publikatie (1924). De auteurs houden zich aanbevolen voor deskundige kritiek, zowel wat de tekst-uitgave als wat de vertaling betreft. Bij de Ngadju-Dajakse tekst en bij Indonesische woorden is de spelling van vóór 1972 aangehouden; Indonesische woorden die geacht kunnen worden in de Nederlandse taal te zijn opgenomen (bijv. bamboe) zijn dienovereenkomstig gespeld.

· De verzuchting van L. M. Coster-Wijsman in 1929 dat veel te weinig bekend is van de volksverhalen van Borneo, werd in 1973 herhaald door J. B. Avé in de catalogus van de tentoonstelling "Kalimantan, mythe en kunst" te Delft. Hierin merkte ook hij op: "Nog weten we te weinig van de rijkdom aan ongeschreven literatuur."

Wij hopen, dat deze publikatie ertoe zal bijdragen aan de volksverhalen van Kalimantan in wijder kring bekendheid te geven.

A. Klokke-Coster
A. H. Klokke
M. Saha

INHOUD

DEEL II

LITERATUUR:

J. B. Avé, *Kalimantan, mythe en kunst,* Delft 1973.

L. M. Coster-Wijsman, *Uilespiegel-verhalen in Indonesië,* proefschrift Leiden 1929.

Aug. Hardeland, *Dajacksch-Deutsches Wörterbuch,* Amsterdam 1859.

J. Mallinckrodt, "Ethnografische Mededeelingen over de Dajaks in de Afdeeling Koealakapoeas", *Bijdragen Kon. Inst. v. T.L.V.,* deel 80, 1924, pp. 397-446, 521-600; deel 81, 1925, pp. 62-115, 165-305.

H. Sundermann II, "Dajakkische Fabeln und Erzählungen", *Bijdragen Kon. Inst. v. T.L.V.,* deel 66, 1912, pp. 169-214.

F. Ukur, *Tantang Djawab Suku Dajak,* proefschrift Djakarta 1971.

ILLUSTRATIES:

Marijke J. Klokke en Margreta R. Klokke.

I.

SARITAN SANGUMANG INTU UTUS DAJAK NGADJU

Aton matjam² saritan Sangumang tuntang djete basewut toto marak oloh Dajak Ngadju intu Kalimantan. Sarita tuh injarita akan kare anak oloh kilau sarita dongeng tuntang djete ingambang dengan matjam² hal idje lutju tuntang kesaktian. Tapi oloh bakas kea sama radjin mahining sarita tuh. Hung sarita tuh imparahan akan itah Sangumang kilau idje biti oloh tabela, tapi pintar harati tuntang kanatek aton kasaktiae idje kindjap basahokan.

Tandipah djete imparahan akan itah Maharadja, katoto oloh tatau tapi humung. Horoi Sangumang dengan Maharadja ie te bara mama. Indu Sangumang hampahari idje kalambutan dengan maharadja. Sangumang belum dengan indu tuntang saritan bapae djaton ati tarahining limbah kapisah belum dengan indu Sangumang. Pambelum Sangumang ewen ndue hindu injarita kindjap asi² tuntang buah kasusah, tapi awi kaapik tuntang kapintar Sangumang, maka pambelum ewen ndue liwus bara kasusah mandjadi tatau toto, malah kilau idje radja idje basewut hung eka daerah maharadja.

Keluarga maharadja iete sawae bagare Langgir tuntang anak udju biti bawi. Djahawen biti anak idje bakas inggare bawi djahawen. Ewen te gandjir-gandjira hadat, dia mantuh kilau oloh bawi bahalap. Beken bara te, ewen dia lalau harati pamikirae. Akan utus Dajak Ngadju, oloh bawi tabela idje inampengan kilau bawi djahawen, djete oloh bawi tabela idje dia lalau oloh radjin, awi hadat idje kasar tuntang bagandjir. Anak maharadja idje busu injewut hung sarita "Putir Busu". Ampie ie oloh bawi tabela idje mantuh, bahalap ampie, tuntang harati.

Sangumang paham mipen Putir Busu mandjadi sawae, tapi djete dia murah awi Sangumang oloh susah aloh iete pahari idje tato. Akan mandino Putir Busu Sangumang tarapaksa mahapan akal, idje tjara² kilau manipu maharadja, sampai maharadja imaksa manenga anako Putir Busu te akan Sangumang.

Awi te saritan Sangumang tapaare manjarita kapintar Sangumang mampahumung maharadja uka mandino Putir Busu akan indu kabalie.

I

DE VERHALEN OVER SANGUMANG
BIJ HET DAJAKSE VOLK

Er zijn allerlei verhalen over Sangumang en deze zijn heel beroemd onder het Dajakse volk in Kalimantan. Deze verhalen worden als sprookjes aan alle kinderen verteld en ze worden versierd met allerlei grappige en bovennatuurlijke zaken. Maar de volwassenen horen deze verhalen even graag. In deze verhalen wordt ons getoond hoe Sangumang, hoewel hij jong is, toch slim is en herhaaldelijk gebruik maakt van bovennatuurlijke krachten, die hij verborgen houdt.

Hiertegenover wordt ons de koning getoond, wel een rijk man, maar dom. De koning is een oom van Sangumang. Sangumang leeft bij zijn moeder en over zijn vader hoor je niets sinds hij gescheiden van zijn moeder leeft. Het leven van Sangumang en zijn moeder is, naar verteld wordt, vaak meelijwekkend en moeilijk, maar door Sangumangs slimheid worden ze bevrijd van moeilijkheden en zelfs worden ze zó rijk dat hij als een koning bekendheid krijgt in die streek.

Het gezin van de koning bestaat uit zijn vrouw Langgir en zeven dochters. De oudste zes worden "de zes meisjes" genoemd. Zij liepen opvallend rond, niet bescheiden zoals het een meisje past. Bovendien hadden ze niet veel verstand. Voor het Dajakse volk zijn meisjes die als "de zes meisjes" aangeduid worden niet erg lief, omdat ze zich onbeschaafd en opvallend gedragen. De jongste dochter van de koning heet Putir Busu (= jongste dochter). Zij blijkt een bescheiden, mooi en verstandig meisje te zijn.

Sangumang wil erg graag Putir Busu tot vrouw hebben. Maar dat is niet gemakkelijk, alhoewel zij zijn nicht is,[1] omdat Sangumang in armelijke omstandigheden verkeert.

Daarom vertelt het verhaal over de slimheid waarmee Sangumang de koning erin laat lopen, zodat hij hem Putir Busu tot vrouw geeft.

---

[1] Het neef-nicht huwelijk is het meest voor de hand liggende bij de Dajaks.

Saritan Sangumang puna aton mangandung maksud idje batantu
akan oloh utus Dajak Ngadju. Tumun arae, maka Sangumang barima
"sang" = oloh, tuan; "ngumang" = tiruk. Djadi riman aran Sangumang iete oloh idje radjin maniruk tuntang mangalagai soal pambelum.
Oloh Dajak Ngadju katawan djete, iete amon oloh te radjin maniruk
kare taloh gawie maka ie dia akan mandjato pambelum. Oloh kalote
akan sanang, tuntang ulih mantjipta taloh kanahuang, malah tau mandjadi oloh basewut kilau idje radja. Tapi oloh idje humung dia maku
maniruk kare taloh gawie, maka ie akan buah tjelaka tuntang ramu
ramuae akan baduruh, aloh ie pangkat gantung atawa tatau. Maka hal
tuh taragitan kea hung utus Dajak Ngadju. Oloh idje humung dia akan
tau sanang tuntang baja tau mandjadi djipen kolae bewei.
    Aton kea penilaian tahiu sarita Sangumang tuh iete mingat pendja-
djahan Belanda. Sarita Sangumang bara maksud mampalampang atei
pahlawan malawan Belanda. Karana oloh Belanda idje bakuasa dia kea
beken bara olon bewei, idje aton kalemu tuntang tau kea impahumung.
Oloh Dajak dia akan haradjur belum asi² tandipah oloh kulit baputi
te, amon ie kea mangguna tiruk akal belum. Ie kea tau sanang tuntang
ulih malawan pendjadjahan te dengan murah bewei, amon djete ingu-
mang toto². Akan mamparami sarita te uka oloh are radjin mahining,
maka sarita te kindjap ingambang dengan sarita idje agak tjabul isut,
tuntang lutju dan sakti. Kalote itah mahining are saritan Sangumang
idje dia lalau bahalap injarita akan anak oloh korik, tumun ukuran
wajah tuh, tapi hong genep² saritan Sangumang batantu aton taloh
idje barega akan filsafah pambelum iete keleh radjin mangguna tiruk
akal, amon handak belum sanang atawa oloh idje radjin mangumang
taloh handiai, maka ie dia sinde² akan sundau taloh idje barega akan
pambelum, malah taloh idje ingkahimat djete akan mandjadi tuntang
inenga akae.

De verhalen over Sangumang hebben natuurlijk een duidelijke betekenis voor het Dajakse volk. Wat betreft zijn naam: *Sang* betekent "mens" en *ngumang* "denken". Dus de betekenis van de naam Sangumang is, dat hij een man is die graag nadenkt.[2] De Dajaks weten, dat als een mens goed nadenkt over alles wat hij doet, dat hij dan niet zijn leven als een vrucht van de boom zal laten vallen. Zó zijn de mensen gelukkig en kunnen zij bereiken wat zij willen, zelfs kunnen zij zo beroemd worden als een koning. Maar domme mensen, die niet willen nadenken over wat ze doen, die zullen ongelukken hebben en hun zaken verloren zien gaan, al zijn ze dan ook rijk of van hoge stand. Dit kan men ook bij het Dajakse volk zien. Domme mensen zijn niet gelukkig, maar slechts een slaaf van hun familie.

Er is ook nog een opvatting mogelijk over de verhalen van Sangumang welke teruggaat op de Nederlandse overheersing: deze verhalen hadden tot doel de mensen een houvast te geven in de strijd tegen de Nederlanders. Want de Nederlanders, die de macht in handen hadden, waren ook mensen die zwak konden zijn en die je er in kon laten lopen. De Dajakse mensen zouden niet altijd ondergeschikt aan de blanken blijven, als ze maar gebruik maakten van hun verstand en hun listen. Zij zouden er ook bovenop kunnen komen en de onderdrukking zonder al te veel moeite kunnen bestrijden, als ze er maar goed over nadachten. Om de verhalen leuker te maken, zodat de mensen ze graag willen horen, zijn ze vaak versierd met pikante, grappige of bovennatuurlijke intermezzo's. Zo horen we veel verhalen die niet zo geschikt zijn voor kinderen volgens de opvattingen van deze tijd,* maar in ieder verhaal over Sangumang steekt zeker iets waardevols voor onze levensfilosofie, n.l. dat iemand die alles graag goed overlegt, meermalen zal krijgen wat hij zich heeft voorgenomen en wat waardevol is voor zijn leven.

---

2 Hierover heeft F. Ukur een andere opvatting: in het Sanskrit is *Sang* "de geëerde", *Umang* wordt afgeleid van *UHM*, wat in de hindoemythologie staat voor de eenheid van Brahma, Wisjnu en Sjiwa.

* Bedoeld wordt, dat de verhalen zijn ontstaan in een tijd toen er nog geen onderscheid werd gemaakt tussen literatuur voor kinderen en voor volwassenen, zoals tegenwoordig. Overigens is ons meegedeeld dat er nog wel méér verhalen over Sangumang in omloop zijn maar dat sommige daarvan te onfatsoenlijk zouden zijn om ze voor ons op te schrijven.

1. SANGUMANG DENGAN MAHARADJA MANAHAREP PENGADILAN HATALLA

Sinde andau Maharadja dengan Sangumang manandjung akan parak kaju mariksa kaleka mandirik maneweng akan tana njelo naharep. Te ewen ndue pasuru idje pulau kudjang idje lumbah toto. Subur toto pulau kudjang te. Te koan Maharadja: "Kudjang tuh ajungku, bihin aku djari mimbul malihi." Tapi tombah Sangumang: "Dia ma, sala ikau, djetuh ajungku."

Ewen ndue sama² are mambelom bawoi tuntang mahapan are kudjang akan kinae. Awi te ewen ndue sama² handak mangakue pulau kudjang te, idje katoto sama dia mimbul, karana kudjang te kudjang lajap idje belum dengan dia usah iharagu. Tahi kea ewen ndue soal² hatakian pulau kudjang te, untung sama² manjarenan angat kasangit.

Kadjariae te koan Sangumang: "Amon matjam tuh kue hasoal, tuntang djaton ati oloh idje mangatawan eweh idje budjur sala bara kue, pasti djaton ati kadjariae. Awi te has kue mama misek Hatalla djewu intu hetuh. Karana Hatalla bewei idje katawan taloh handiai, aloh djete basahokan!" Tumbah Maharadja: "Toto auhm te aken. Djewu itah ndue kanhetuh tinai hajak²."

Ewen ndue sama buli huma dan andau djari hamalem. Hamalem te Sangumang madjar indue akan andau djewu iete hajak djadjewu indu tolak akan eka pulau kudjang idje mandjadi sangketa Sangumang dengan Maharadja. Amon ie sampai hete, indu te patut mandai kaju idje rimbun toto dawee manjahokan arep marak kare dawen hete. Amon Sangumang hamauh misek eweh tempun pulau kudjang te, maka indu patut manombah: "Ajun Sangumang." Kalote ewen ndue hindu manatap kare ampin tjara andau djewu mampakalah maharadja.

Andau djewu tinai Indu Sangumang djari tolak akan eka pulau kudjang manjahokan arep intu benteng edan kaju, marak kare dawen idje labat. Sangumang manduan Maharadja talih kaleka pulau kudjang te ukur² indu djari sampai hete. Sampai intu hete koan Sangumang:

1. SANGUMANG EN DE KONING STELLEN ZICH TEGENOVER EEN GODSGERICHT

Op een dag liepen de koning en Sangumang naar het bos, om een plaats te zoeken waar de bomen gerooid en de struiken gekapt konden worden om er volgend jaar een akker van te maken. Toen kwamen ze langs een heel grote groep knollen.[3] Die groeiden daar weelderig. De koning zei: "Dat zijn mijn knollen. Die zijn hier achtergebleven, toen ik hier vroeger mijn bouwland had." Maar Sangumang zei: "Nee Oom, je vergist je, het zijn de mijne."

Zij hielden beiden veel varkens en gebruikten veel knollen om ze te voederen. Daarom wilden zij beiden beslagleggen op die groep knollen, die eigenlijk helemaal niet gepoot waren, aangezien het wilde knollen waren die groeien zonder verzorgd te worden. Langdurig betwistten ze elkaar dat stuk knollen, gelukkig zonder dat ze hun boosheid lieten blijken.

Vervolgens zei Sangumang: "Als wij dit probleem hebben en er is niemand die weet wie van ons gelijk heeft en wie niet, dan leidt dat nergens toe. Laten we daarom God morgen hier om raad vragen. Want alleen God weet alles, al is het ook verborgen." De koning antwoordde: "Dat heb je goed gezegd, neef. Laten we hier morgen weer samen naar toe gaan."

Zij gingen samen naar huis en het was al avond geworden. Die avond legde Sangumang zijn moeder uit wat ze de volgende dag moest doen, n.l. 's morgens vroeg naar de plek gaan waar de knollen groeiden die de oorzaak waren van de ruzie tussen Sangumang en de koning. Daar aangekomen, moest ze in een boom klimmen die heel dicht met bladeren begroeid was en zich tussen die bladeren verstoppen. Als Sangumang zou vragen wie de eigenaar van de knollen was, dan moest zij antwoorden: "Ze zijn van jou, Sangumang." Zo maakten zij beiden hun plannen gereed om de volgende dag de koning te kunnen overwinnen.

Toen het weer morgen was geworden, was Sangumangs moeder al naar de plek gegaan waar de knollen groeiden en had ze zich verstopt midden op een tak van een boom, tussen de dichtgroeiende bladeren. Sangumang haalde de koning af om naar de plek te gaan waar de knollen groeiden, op een tijdstip dat zijn moeder daar al moest zijn. Toen zij daar waren aangekomen, zei Sangumang: "Nu, Oom, wie van

---

[3] *kudjang* - indon. *keladi* - latijn *colocasia esculenta.*

"Has ma, eweh kue helu misek Hatalla mangat kue mahining auh, tahiu pulau kudjang tuh." Tombah Maharadja: "Takan ikau ih aken." Te Sangumang hamauh njaring auh: "O, Hatalla Ranjing Mahatara Langit, tuh kue amangku Maharadja manaharep ikau manggau katerus oloh idje puna tempon kabun kudjang tuh. Eweh idje toto tempun kabun kudjang tuh, Sangumang atawa Maharadja ?"

Te tombah indu Sangumang ngiwa[2] auh bara benteng edan: "Hiee, ain Sangumang !" "Hau", koan Maharadja manjelat, "kilen salenga ain Sangumang !" Sinde tinai Sangumang misek dengan auh njaring kilau helo enah. Tapi auh tombah tatap ih kilau helo.

"Kareh aku tinai misek aken !" koan Maharadja. Palus ie mubah kaleka tuntang atei bamiat uka auh tombah Hatalla te mambudjur ie. "O, Hatalla, eweh kea idje katoto tempun pulau kudjang tuh ! Ain Sangumang atawa ain Maharadja ?" Te tombah indu Sangumang agak kurik isut auh bara helo, tapi puna sukup tarang: "Ain Sangumang !" "Ampie ikau idje tempu aken", koan Maharadja tinai, palus harikas bara hete buli huma. "Pea hureh auhku ama, aku dia pudji angatku manipu ikau", koan Sangumang tinai sama[2] buli huma.

Djadi kalote ampie Sangumang mawaris pulau kudjang te akae lepah lingis.

[Hagalang sarita djetuh aton auh paribasa, hong oloh Dajak Ngadju ie te: Sama kilau mangadu Sangumang intu indue. Aloh kilen kasalae, mahin indue dia akan manjala atawa mahukum.]

2. MAHARADJA MANAKAU PAKASEM SUNGKET SANGUMANG

Sinde andau Maharadja madja eka Sangumang mansanan arep dia belai kuman awi balut djaton. "Aton ajungku pakasem sungket, ma", koan Sangumang, "amon ikau handak tau ih aku manenga ikau." Tapi tombah maharadja: "Hakajah aken kadjenta kadjurahm, dia usah ih, dia belaiku pakasem sungket. Djaka aton pakasem lauk. Nauh ih, kareh aku manggau lauk."

Aloh kalote mahin Sangumang mampahata maharadja pakasem te, amon maharadja handak buli. "Akan betauku barangai, ma, amon ikau dia belai kuman pakasem sungket", koan Sangumang.

ons zal eerst aan God vragen, opdat wij zijn stem horen over die plek met knollen ?" De koning antwoordde: "Komaan, neef, jij maar." Toen zei Sangumang fluisterend: "O, Hoogste God van de hemelen, mijn Oom de koning en ik benaderen U om duidelijkheid te zoeken over de vraag, wie de eigenaar van deze knollentuin is. Wie is nu echt de eigenaar van deze aanplant, Sangumang of de koning ?"

Toen antwoordde Sangumangs moeder midden uit de boom: "Hieee, van Sangumang !" "Och", zei de koning er tussen door, "waarom is die plotseling van Sangumang." Nog eens vroeg Sangumang het fluisterend, zoals tevoren. Maar het antwoord was weer hetzelfde.

"Zo meteen ga ik ook vragen, neef", zei de koning. Toen veranderde hij van plaats en deed in stilte een gelofte, opdat Gods antwoord hem in het gelijk zou stellen. "O, God, wie is nu werkelijk eigenaar van dit stukje knollen, Sangumang of de koning ?" Toen antwoordde Sangumangs moeder, een beetje zachter dan tevoren, maar toch duidelijk hoorbaar: "Het is van Sangumang." "Het is blijkbaar van jou, neef", zei de koning; en meteen gingen ze van daar weer naar huis terug. "Heb ik U ooit voor de gek gehouden, Oom ? Ik geloof, dat ik U nog nooit bedrogen heb", zei Sangumang, toen ze samen thuisgekomen waren.

Dit nu is de manier waarop Sangumang dit plekje knollen verwierf helemaal voor zichzelf alleen.

[Op grond van dit verhaal bestaat er een spreekwoord bij de Dajaks, n.l. "Het is of je Sangumang bij zijn moeder aanklaagt". Hoeveel verkeerde dingen Sangumang ook doet, toch zal zijn moeder hem niet beschuldigen of straffen.]

2. DE KONING STEELT INGEMAAKTE SUNGKET [4] VAN SANGUMANG

Op een dag ging de koning naar het huis van Sangumang en vertelde hem dat hij geen zin had in eten, omdat hij geen bijgerecht had. "Ik heb wel ingemaakte *sungket*, Oom", zei Sangumang, "als je wilt zal ik je wat geven." De koning antwoordde: "Wat vriendelijk van je, maar het hoeft niet, ik houd niet van ingemaakte *sungket*. Als het nu ingemaakte vis was . . . 't Geeft niet, ik ga wel vissen."

---

[4] *sungket* is een larve, die in omgehakte sagobomen kan leven en als lekkernij beschouwd wordt. Men kan deze *sungket* net als ander vlees zuur laten worden, zodat ze een week of drie houdbaar zijn in een bamboekoker.

Pura² ih maharadja manolak, mahin kalote ie mimbit kea awi kadju-
dju Sangumang. Sampai huma ie manenga te akan Langgir manjuho
pakasak. "Katoto aku taluh kalutoh dia belaiku." Tapi sambil auh te
kea ie manjumput misut² sampai djete lepah lingis. "Pakasem sungket
tuh puna mangat, pang", koan awang anak. "Laku tinai dengan Sangumang isut", koan Langgir manjelat. "Terai dia aku", koan maharadja
awi ie mahamen auh dengan Sangumang. Tapi hung atei djadi aton
lembut pikiran papa, idje handak manakau pakasem te amon Sangumang ewen ndue hindu djaton bara huma.

Maka sinde andau Sangumang dengan indu tolak akan tana. Helo
bara tolak ie mameteh sangkalan koae: "Amon aton oloh madja kareh
malus ih akan huma." "Juh", koan sangkalan.

Dia tahi ulek likut ewen Sangumang haguet, maka dumah maharadja. Ie mangatuk human Sangumang, maka tumbah sangkalan:
"Palus kanhuang." Maharadja tame karung, te ie hengan awi djaton ati
oloh huang huma. Ie kilik-kilika akan hete² hapus huma te, tapi djaton
idje biti idje gitae. Maka gitae sangkulap pakasem sungket te. Palus
ie manangguh dan mukut huang handak balakue. Kasalenga sangkulap
te sasar² pisit, sana lengee te tame. Maka lengee palus leket dia ulih
mandjawut tinai. Paham kea ie maakal mampalua lengee te, tapi puna
dia tau, karana helo bara tolak Sangumang djari mingkes pakihang
luket hung sangkulap te. Eweh² idje madjuk lengee akan huang sangkulap te, handak manakau, maka sangkulap te akan mamisit arep
mamangkit lengen oloh te. Maka djete djari buah maharadja. Lepah
akal, maharadja manduan kiap hai manutup arep intu seruk, manjahukan arep hete.

Dia tahi Sangumang dumah bara tana. Hung atei djari aton meles²
dengan mama Maharadja idje aton dumah akan huma.

Sampai huma te indu Sangumang barapi. Limbah barapi te ie
handak manguan balut, palus manggau sangkulap pakasem sungket te.
Tapi salenga djaton ati. Koae dengan Sangumang: "Kueh eka sangkulap?" Tombah Sangumang: "Hikau ih hundjun pahe endau."

Toch gaf Sangumang de koning ingemaakte *sungket* mee, toen hij naar huis wou gaan. "Voor mijn tante dan, Oom, als je zelf geen zin hebt in deze ingemaakte *sungket*", zei Sangumang.

De koning deed of hij het wou afslaan, maar toch nam hij het mee, omdat Sangumang zo aandrong. Toen hij thuiskwam gaf hij het aan Langgir en droeg haar op het te koken. "Eigenlijk heb ik er zelf geen zin in." Maar terwijl hij dat zei, nam hij met zijn vingers telkens een klein beetje weg, tot het helemaal op was. "Die ingemaakte *sungket* is zeker lekker, Vader", zeiden zijn kinderen. "Vraag nòg wat aan Sangumang", zei Langgir er tussendoor. "Welnee", zei de koning, omdat hij zich schaamde het tegen Sangumang te zeggen. Maar in zijn binnenste kwam al een slechte gedachte op, n.l. om de *sungket* te stelen, als Sangumang en zijn moeder niet thuis zouden zijn.

Op een dag gingen Sangumang en zijn moeder naar hun akker. Voor hij vertrok, beval hij het hakblok: "Als er straks iemand op bezoek komt, nodig hem dan binnen." "Ja", zei het hakblok.

Niet lang nadat zij het huis de rug toegekeerd hadden, daar kwam de koning. Hij klopte aan de deur van Sangumangs huis en het hakblok antwoordde: "Kom maar binnen." De koning ging de kamer in en wat was hij verbaasd, dat er niemand binnen was. Hij keek overal rond door het hele huis, maar er was niemand te zien. Maar de bamboekoker met ingemaakte *sungket* zag hij wel. Hij ging er direct naar toe en wilde er wat uitnemen. Toen hij zijn hand in de bamboekoker gestoken had, werd deze ineens nauwer. Zijn hand zat ineens vast en hij kon deze er niet meer uittrekken. Hij deed van alles om zijn hand er weer uit te krijgen, maar het lukte niet, omdat Sangumang vóór hij wegging een tovermiddeltje in de bamboekoker had gestopt dat hem nauw kon maken. Wie zijn hand er in stak om te stelen die bleef er in vastzitten, omdat de koker zich vernauwde. En dit nu was de koning overkomen. Toen hij niets meer bedenken kon om er uit te komen nam hij een grote rijstwan en verborg zich daarachter in een hoek.

Niet lang daarna kwam Sangumang terug van zijn akker. In zijn hart vermoedde hij al, dat zijn oom, de koning, naar zijn huis gekomen was.

Toen zij thuisgekomen waren, ging Sangumangs moeder koken. Nadat de rijst klaar was, wilde ze bijgerechten klaarmaken. Daarom zocht ze meteen naar de bamboekoker met ingemaakte *sungket*. Maar die was ineens nergens te vinden. Ze zei tegen Sangumang: "Waar is de bamboekoker?" En Sangumang antwoordde: "Zopas was hij daar op het droogrek voor het hout."

Te ewen ndue manggau hapus huma kumbang-kumbanga. Gitan
Sangumang kiap salenga aton intu seruk. "Kilen salenga kiap aton
hetuh, indang?" koan Sangumang palus mukei kiap te. Hete aton
maharadja mundok runguk[2] dia maku haguet bara hete.

"Hau, kilen ikau aton intu hetuh ama?" koan Sangumang. Maharadja djaton ati mauh[2] tapi mundok ih manjahokan lengee te. "Akan
narai ikau mamangkut sangkulap pakasem, ma?" Tapi maharadja dia
maku hamauh kea. Kadjariae gitan Sangumang lengee idje leket.
"Kajah, mang, tuh dia tau dia aku akan manarung ikau, lengen amang
leket intu sangkulap." "Terai, aken, ngepak ih lengengku tuh!" koan
maharadja. "Dia aku, keleh aku manarung ikau ma! Bapelek teken
nuntung, bakiwak besei inambing, aku dia tende manarung ikau."
"Ela, ken kareh aku manenga ikau halimaung balanga", koan maharadja. "Akan en, ain kue indang mahin are, akan sarangan danum dia
ulihku masip", tombah Sangumang.

"Ela ih ken, kareh aku manenga akam anak bawi djahawen", koan
maharadja tinai. "Dia aku, mang. Kan djipeng, ie betau; akan sawang
lalau kare", tombah Sangumang. "Dia aku tende manarung ikau,
mang."

"Ela ih aken, kareh aku manenga akam putir busu", koan maharadja. "Toto kah mang?" koan Sangumang. "Toto", koan maharadja.

Te Sangumang mengkok pakihang te bara lengen maharadja. Palus
buli huma maharadja manjoho anak Putir Busu batatap arep uka talih
eka Sangumang.

3. NARAI BUKU SANGUMANG DIA TAU HASONDAU DENGAN BAPAE

Saritan Sangumang haradjur manjarita Sangumang dengan indue
bewei tuntang djaton pudji atawa djarang sarita manahiu Sangumang
te dengan bapae. Awi te batantu oloh misek, mbuhen kalote? Hung
kuehkah Bapa Sangumang te? Atawa atonkah Bapa Sangumang?

Sangumang puna aton Bapae. Baja Sangumang puna dia tau sama
sinde hasondau dengan bapae hindai. Hal te aton kesah, ie te:

Bapa Sangumang dengan Indu Sangumang belum hakalahi. Isut
bewei bukue mahin mandjadi kalahi hai akan awen ndue. Tagal te
Bapa Sangumang manduan katukas hatulang ih dengan Indu Sangu-

Beiden zochten langdurig het hele huis door. Toen zag Sangumang dat de rijstwan ineens in een hoek stond. "Hoe komt die rijstwan nu hier, Moeder?" zei Sangumang en tegelijk nam hij hem weg. Daar zat de koning, heel zielig, en hij wou niet uit zijn hoekje komen.

"Hee, hoe kom jij hier, Oom ?" zei Sangumang. De koning zei geen woord maar bleef zitten en hield zijn arm verborgen. "En waarom houd je de bamboekoker met ingemaakte *sungket* in je arm, Oom ?" Maar de koning wou nog niet praten. Toen zag Sangumang zijn hand, die vastzat. "O Oom, ik zal het niet kunnen laten er bekendheid aan te geven, dat de hand van mijn oom vastzat in mijn bamboekoker !" "Laat het, neef, neem hem nu van mijn hand af", zei de koning. "O nee, ik zal alles over je rondvertellen, Oom. Al zou mijn vaarboom breken of mijn roeiriem kapot gaan dan zou ik die weer herstellen om te kunnen varen, want ik ben er niet van te weerhouden het rond te vertellen." "Nee neef, ik zal je een heilig vat geven", zei de koning. "Wat moet ik daarmee doen ? Moeder en ik hebben er al veel", antwoordde Sangumang, "en je kan ze niet gebruiken om water te scheppen."

"Nee toch, neef, ik zal je mijn oudste zes dochters geven", zei de koning weer. "Die wil ik niet, Oom; als bediende kan niet omdat ze familie zijn en als vrouw niet omdat 't er te veel zijn", antwoordde Sangumang; "ik ben er niet van te weerhouden alles over je rond te vertellen." "Nee neef, ik zal je Putir Busu geven", zei de koning. "Echt waar, Oom ?" zei Sangumang. "Echt waar", zei de koning.

Toen verbrak Sangumang de betovering van de arm van de koning. Meteen ging de koning naar huis en hij beval zijn dochter Putir Busu zich klaar te maken om naar het huis van Sangumang te gaan.

3. WAAROM SANGUMANG ZIJN VADER NIET KAN ONTMOETEN

De verhalen over Sangumang gaan altijd alleen over Sangumang en zijn moeder, nooit of zelden is er een verhaal over Sangumang en zijn vader. Daarom vragen jullie vast: Waarom is dat zo ? Waar is toch Bapa Sangumang ? Is er wel een Bapa Sangumang ?

Ja, zeker heeft Sangumang een vader. Alleen kan hij zijn vader helemaal nooit meer ontmoeten. Daarover gaat dit verhaal.

Toen Indu en Bapa Sangumang nog samenwoonden hadden ze veel ruzie. Door slechts kleine oorzaken kregen die twee toch grote ruzies. Daarom nam Bapa Sangumang de beslissing om maar van Indu Sangu-

mang. Helo bara tukas te ilalus, maka ie handak marawei oloh lewu
telo uka mansanan ampin ewen te, tuntang miat idje handak hatulang
te. Puna gawi te malalus pesta isut tuntang mampakanan oloh are.
Akan te tarapaksa ie tolak mandup. Ie mimbit asoe idje menteng tuntang Sangumang akan indu dengae mandup.

Limbah pire[2] katahie tame parak kaju te ason ewen ndue mangang
idje badjang hai. Badjang te dia tahi manahan, tuntang ason ewen
ndue manuhu. Sana sampai hete, Sangumang impa[2] angat huang djari
mambelas lundju, tapi ingahana bapae mampatei badjang te, karana
dia sukup akan oloh are koae. Kalote ewen ndue manalua badjang te
hadari bewei tuntang djaton ati mangarae narai[2], palus ewen ndue
manandjung tinai akan eka beken.

Limbah te tinai ason ewen mangang idje kungan banting hai. Banting
te kea manahan, tapi bapa Sangumang mangahana mamuno, awi dia
akan sukup akan oloh are koae. Sangumang hengan dengan tjara bapae
idje kalote, karana tumon taksir ajue, banting te djari sukup kahai
akan manjarungan oloh are, tapi aloh kalote ie dia mawi auh narai[2].

Limbah te ason ewen mangang tinai. Rami toto auh pangang tuntang
tahi kea kalawu manahan. Ason ewen manuhu rundu[2] mentai tempo
dumah mampatei meto idje manahan te. Sana sampai, salenga gitan

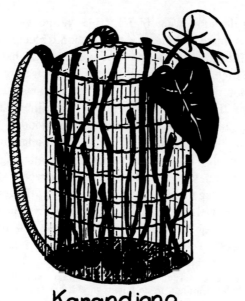

Karandiang.

mang te scheiden. Voor hij deze beslissing uitvoerde, wilde hij eerst de mensen van de drie dorpen [5] uitnodigen om hun volgens hun gewoonte te vertellen, dat hij het voornemen had om te scheiden. Natuurlijk moet er bij zoiets een klein feest gegeven worden met eten voor veel mensen. Daarom moest hij er wel op uitgaan om te jagen. Hij nam zijn moedige hond en Sangumang mee om met hem op jacht te gaan.

Nadat zij een hele tijd met zijn tweeën in het bos waren, begon de hond te blaffen omdat hij een groot hert op het spoor was. Dat hert hield het niet lang vol en de hond begon nog harder te blaffen. Toen Sangumang op die plaats kwam en het hert beloerd had, stond hij op het punt om zijn lans te werpen, maar zijn vader verhinderde hem het hert te doden, omdat het volgens hem niet genoeg was voor zoveel mensen. Zo lieten zij het hert maar weglopen, en verder was daar niets te vinden; daarom liepen zij meteen door naar een andere plaats.

Daarna begon de hond weer te blaffen, omdat hij een groot wild rund op het spoor gekomen was. Dit rund werd ook vastgehouden, maar Bapa Sangumang verbood het te doden, want, zei hij, het zou niet genoeg zijn voor zoveel mensen. Sangumang was verbaasd dat zijn vader zo handelde, want volgens zijn schatting was dat rund wel groot genoeg om veel gasten eten voor te zetten, maar toch zei hij geen woord.

Daarna ging de hond weer blaffen. Het geluid van het geblaf was heel luid en het hield ook lang aan. De hond bleef huilend blaffen, terwijl hij wachtte tot zijn meester het beest, dat zich verweerde, zou doden. Toen Sangumang daar kwam, zag hij plotseling dat het alleen maar drie eekhoorntjes waren. "Wat is dat voor een domme hond !" zei Sangumang. "Dit is wat we zoeken", zei zijn vader en terstond stak hij de drie eekhoorntjes allemaal tegelijk dood. "Waarvoor zijn zulke kleine beestjes nu goed, Vader ?" zei Sangumang tegen zijn vader. Zijn vader bleef zwijgen, antwoordde Sangumang niet en droeg hem terstond op één van de eekhoorntjes te dragen. Hij stopte het beestje al in zijn draagmand.[6] "Al had je ze alle drie gegeven dan was het voor mij nog te weinig om te dragen, Vader", zei Sangumang. Maar toen hij dat ene beestje in zijn draagmand optilde was hij verbaasd, zo zwaar als het was. Toen hij thuiskwam stond hij te trillen op zijn

---

[5] *lewu telo* — de drie dorpen — is de woonplaats van Sangumang aan de rivier de Sangkalekak bulau, in de bovenwereld, het land van de *Sangiang*s.

[6] *palaku = karandjang* - een open gevlochten grote draagmand met schouderhengsels; zie illustratie.

Sangumang aton telo kungan pitik bewei. "Narai arae kahumung aso tuh ?" koan Sangumang. "Djetuh ie idje inggau itah !" koan Bapae palus mamuno pitik te rempai telo. "Narai gunae meto kahai kau, apang ?" koan Sangumang manida Bapae. Bapa suni ih dia ati mauh[2] mahining auh Sangumang te, palus manjoho Sangumang meton idje kungan pitik te. Bapae djari mamuat pitik te hung pakalo. "Aloh telo kau mahin tapas akangku metue, pang", koan Sangumang. Tapi sana ie manggatang idje kungan te hapan pakalo, hengan ie tagal kabehat. Buntis hagandang awi kabehat idje kungan pitik te amon ie sampai huma. Intu huma pitik te iraga tuntang ragae kontep telo amak tahing kare. Limbah te ewen marawei oloh lewu telo tuntang lambak te kare panginan bari balut uras impakasak. Kare ewen te uras impakanan besuh hapan telo kungan pitik bewei. Sana oloh are barasih kuman te Bapa Sangumang dengan Indu Sangumang manaharep oloh are uka mamparasih kare sankutan kawin ewen ndue hasansila. Maka kasim-pulae Bapa Sangumang pisah belum dengan Indu Sangumang tuntang Sangumang umba indu. Bapa Sangumang mimbit darie akan hila pam-belep, Indu Sangumang ewen ndue hanak mimbit dari akan hila pambelum. Awi te ewen te hangkakedjau toto tuntang dia tau hasupa tinai.

Sana djari pisah kalawun Indu Sangumang mingat palaku (mas kawin). Ie manjoho Sangumang manangguh bapae uka manduan palaku te. Indue mampahata ie udju kabawak katupat sinta. Udju andau katahie Sangumang manandjung kalawu sampai eka bapa te, palus mansuman peteh indue te akan bapae. Te inenga awi bapae akan Sangumang idje tjupu tapi dengan djandji ela Sangumang mukei atawa manangkilik sahindai sampai indue. Amon ie mukei maka ie dia tau mite bapae tinai.

Sangumang tolak dengan tjupu te enah tuntang bingat ih auh bapae pire[2] andau katahie. Tapi hung andau kaepat benteng djalan lembut ih kipee handak manantuani tjupu te. "Narai kea buku apangku mangahana aku mukei tjupu tuh. Tuntang dia mungkin tagal tjupu tuh iukei aku dia tau hasondau dengan apangku tinai", koan Sangu-mang huang atei. Balalu ie mukei tjupu te manantuani huang. Te salenga tjupu te saloh mandjadi bukit tuntang njahu. Tuh Sangumang lajang djalan dia katawan tinai djalan tangguh Bapae. Untung kea masih katawan djalan tangguh indue buli. Kalote saritan Sangumang haradjur imparahan dengan indue bewei tuntang bilak djaton ati inja-rita dengan bapae.

benen doordat dat ene eekhoorntje zo zwaar was. Thuis werden de
eekhoorntjes in stukken gesneden en er waren zoveel stukjes, dat drie
grove rotanmatten vol lagen. Daarna nodigden zij de mensen van de
drie dorpen uit en vervolgens werd al het eten, de rijst en de bijgerechten, gekookt. En toen aten ze allen tot ze genoeg hadden en dat
alles van slechts drie eekhoorntjes. Toen de mensen alles opgegeten
hadden, verschenen Bapa en Indu Sangumang voor hen om van beide
zijden alle huwelijksbanden af te lossen. Dit leidde ertoe dat Bapa
Sangumang zijn leven scheidde van Indu Sangumang en dat Sangumang bij zijn moeder bleef. Bapa Sangumang begaf zich op weg naar
het Westen en Indu Sangumang met haar zoon begaven zich op weg
naar het Oosten. Daardoor gingen zij heel ver uit elkaar en konden
elkaar niet meer ontmoeten.

Nadat de scheiding tot stand gekomen was, schoot Indu Sangumang
de bruidschat te binnen. Zij gaf Sangumang opdracht zijn vader te
bezoeken om de bruidschat te halen. Zijn moeder gaf hem zeven pakjes gekookte rijst [7] mee. Zeven dagen lang liep Sangumang om bij het
huis van zijn vader te komen. Terstond vertelde hij het verzoek van
zijn moeder. Sangumangs vader gaf hem een porseleinen potje mee
met een deksel. Maar Sangumang moest beloven, dat hij het niet zou
openen om er in te gluren voordat hij bij zijn moeder was. Als hij het
toch zou openmaken, zou hij zijn vader nooit meer kunnen zien.

Sangumang vertrok met dat potje en hield zich dagenlang aan de
woorden van zijn vader. Maar op de vierde dag, midden onderweg,
kwam ineens de lust bij hem op om in dat potje te kijken. "Wat zou
toch de reden zijn dat mijn vader mij verboden heeft dat potje te
openen ? Het is niet mogelijk, dat ik mijn vader niet meer zou kunnen
ontmoeten omdat dit potje geopend wordt", zei Sangumang bij zichzelf.
En meteen opende hij het potje om er in te kijken. Toen veranderde
het potje plotseling in een berg en een donderbui. Zo verdwaalde
Sangumang en hij kon de weg naar zijn vader niet meer terugvinden.
Gelukkig kon hij de weg naar huis, naar zijn moeder, nog wèl vinden.
En zo komt het, dat Sangumang in de vertellingen altijd met zijn
moeder en haast nooit met zijn vader optreedt.

---

[7] De rijst wordt in een vierkant buideltje van gevlochten biezen of palmbladen
gekookt en is dan min of meer steriel en vrij lang houdbaar.

4. SANGUMANG HAMBURUNG

Genep andau Sangumang tolak hamburung manggau akan balut ewen ndue hindu. Kare burung hakaliling eka ewen bilak djari lepah tuntang idje aton belum dia bahanji tinai tokep. Kalote Sangumang sasar tahi sasar kedjau mimbit sipet manggau burung akan kinan ewen ndue hindu. Kedjau[2] ie manandjung te ie sampai kaleka dukuh oloh. Aran oloh idje melai hete iete Tato Djungkang Karang. Ie mambelum manuk are toto, due telo ratus kungan karee. Auh hakaliling eka te derem sinde, takan auh manuk nampukak, tuntang mangiak. Amon andau djari ambu te manuk te nanteluh tuntang auh tampukak rami toto, bilak dia hining auh itah bapander marak te.

Selek[2] Sangumang sampai hete mangalati taloh hete. Te ie gite aton sampiling hai toto, palus mampunduk arep hete. Metuh te Tato Djungkang Karang kandjeran mandjawet amak tahing. Ie dia katawan taloh narai[2] idje mandjadi luar huma. Ie katawan manuk uras akan karani, idje awang handak nanteloh, amon andau djari ambu.

Te manuk sama nampukak hatatumbah pehok dengan djagau kilau wajah manuk biasa nanteloh. Maka Sangumang umba nampukak kea hajak manuk te. Tapi auh tampukak beken[2] auh, iete: "Pukak-pulak, pukak-pulak, pukak-pulak, para Djungkang Karang batadjim sila, tampak sila . . . . ; pukak-pulak, pukak-pulak, kak, kak, kak, kak, kak, Djungkang Karang mamani mendeng, mahit mendeng." Auh te radjur[2], tepa kadjariae hining auh te awi Tato Djungkang Karang. Te ie balua sambil hamauh: "Mbuhen kea manuk idje kalutuh auh tampukak!" Ie manduan parei palus mantehau manuk pakanae, te manuk te tende nampukak. Sangumang manjahokan arep rumbak karani idje hai te dan tende kea nampukak. Limbah te Tato Djungkang Karang tame huma tinai, manuntung gawie ie te mandjawet amak tahing. Dia pire katahie manuk nampukak tinai tuntang Sangumang nampukak kea mampahajak dengan auh idje dia batek mawi Tato Djungkang Karang. Amon Tato Djungkang Karang te balua te ie tende dan manjahokan arep. Tapi amon Djungkang Karang te nampara tinai munduk mandja-wet, maka Sangumang nampukak tinai sambil manjapa Tato Djung-kang Karang. Kalote rai[2] sampai rahas toto angat Tato Djungkang Karang mahining. Awi karahas te ie manduan bisak humbang palus mahewes kare manuk idje aton tokep hete. Awi hewes te maka aro kea manuk idje matei, hakalampah intu baun human Djungkang Karang. Limbah te ie buli huma tinai dan mandjawet amak tahing te.

Mite hal te Sangumang rangkah[2] muhon bara sampiling te dan pura[2]

4. SANGUMANG GAAT OP DE VOGELJACHT

Elke dag ging Sangumang er op uit om vogels te schieten voor zijn moeder en zichzelf als bijgerecht bij de rijst. Rondom hun huis waren haast geen vogels meer over en die er nog waren durfden niet dichtbij te komen. Zo kwam het, dat Sangumang steeds langer en steeds verder met zijn blaasroer[8] op stap moest gaan om vogels te vinden voor hen beiden om te eten. Eens had hij al heel ver gelopen, toen hij ergens kwam waar mensen woonden. De man die daar woonde, heette Tato Djungkang Karang. Hij hield heel veel kippen, wel twee- of driehonderd stuks. Men zegt, dat je daar zelfs op een donkere dag de kippen nog hoorde kakelen en kraaien. En als het midden op de dag was en de kippen begonnen eieren te leggen, dan werd er zó druk gekakeld, dat je elkaar bijna niet kon verstaan, als je onderwijl aan het praten was.

Sangumang kwam sluipend nader, om te bespieden wat daar wel was. Toen zag hij een heel grote rotanmand en hij ging daar meteen in zitten. Tato Djungkang Karang was juist bezig een ruwe rotanmat te vlechten. Hij wist niet wat er buitenshuis voorviel. Maar hij wist, dat alle kippen die een ei wilden leggen naar hun legmand gingen als de zon al wat hoger stond.

Toen begonnen de kippen, de hennen de hanen antwoordende, te kakelen zoals ze dat gewoonlijk doen als het tijd van eieren leggen is. En Sangumang ging met de kippen mee kakelen. Maar hij kakelde een beetje anders, n.l.: "Tok, tok, tok, tok, teh .... de billen van Djungkang Karang zijn scherp aan de ene kant en stomp aan de andere kant ... ; tok, tok, tok, tok, teh ... Djungkang Karang poept staande en plast staande ..."[9] Zo ging hij maar door, tot tenslotte Tato Djungkang Karang het hoorde. Deze kwam naar buiten, roepend: "Waarom kakelen de kippen toch zulke woorden !" Hij nam rijst, riep de kippen en gaf ze voer, zodat ze ophielden met kakelen. Sangumang, verstopt in de grote mand, hield eveneens op met kakelen. Daarna ging Tato Djungkang Karang weer naar binnen en vatte zijn werk, het vlechten van een rotanmat, weer op. Niet lang daarna begonnen de kippen weer te kakelen en Sangumang deed mee en beledigde Tato Djungkang Karang, maar niet voortdurend. Als Tato Djungkang Karang naar buiten kwam, hield Sangumang op en verstopte zich. Maar als Tato Djungkang

---

[8] *sipet* = van speerpunt voorzien blaasroer, waardoor men vergiftigde pijlen blaast. *telep* = pijlkoker, gemaakt van dikke bamboe, met gifzakje.
[9] Het is goed gemanierd om dit gehurkt te doen.

dumah bara likut huma mimbit rambat tuntang sipet ie hengan mite kare hantun manuk idje hakalampah intu baun human Tato Djungkang Karang te. Te koae: "Hau, narai mawi manuk idje hakalampah matei hetuh baun huma." Mahining aton auh oloh, te Tato Djungkang Karang balua huma dan hamauh: "Kai ikau aton hetuh. Narai djalanan sampai kan hetuh?" "Aku manandjung kan hetuh djalanan hamburung", koan Sangumang; "narai buku manukm idje are matei tuh nah?" Te tumbah Tato Djungkang Karang tinai: "Awi ripitku akae. Kilen ampie auh tampukak lalau kapapan auh kalote dan puna dia pudji helo." Te Sangumang misek ie tinai: "Kilen kinam tuh nah idje kalutuh kare?" Tumbah Tato Djungkang Karang: "Kanduengku kuman taloh idje kalukau matjam djari matei awi kasangitku dengae. Tuntang angat belaiku djari peda² genep andau kuman manuk tuntang tanteloh. Amon ikau handak duae, has takan ih!" Mahining auh te Sangumang palus manampunan hantun manuk te manjuang akan rambat. Ie manjewut tarima kasih akan oloh idje tempon manuk te dan harikas tinai bara hete buli huma. Sampai huma ie manjoho indu manguan manuk te, imanggang, injehei, impakasak mangat².

Te dumah maharadja madja tabarung kea ewen kuman. Sangumang manjarungan mama dengan panggang, sehei manuk te tuntang maharadja paham hengan mite kare manuk idje injarungan. "Lehae kamangat balut keton, aken. Dinon narai manuk idje kalote karee?" pisek maharadja. "Hau, dinongku eka Tato Djungkang Karang", tumbah Sangumang. Palus ie manjarita akal idje hapae mamparahas Tato

Sipet   Telep

Karang weer ging zitten vlechten dan kakelde Sangumang weer en schold hem uit. Zo ging het steeds door, totdat Tato Djungkang Karang op het horen ervan erg woedend werd. Omdat hij zo boos was, nam hij een gespleten bamboestok en sloeg daarmee naar al de kippen die in zijn buurt waren. Door dat slaan gingen ook heel wat kippen dood, ze lagen her en der voor het huis van Tato Djungkang Karang. Daarna ging hij weer naar binnen om zijn mat te vlechten.

Toen Sangumang dat zag, kwam hij voorzichtig uit die grote mand en deed alsof hij van achter het huis kwam met zijn draagmand [10] en zijn blaasroer, en alsof hij zich verbaasde zoveel dode kippen in het rond te zien liggen voor het huis van Tato Djungkang Karang. Hij zei: "Hee, wat is er met die kippen gebeurd, die daar dood in het rond liggen voor het huis?" Toen Tato Djungkang Karang iemand hoorde, kwam hij uit zijn huis en zei: "Hee, ben jij hier? Waarom ben je hierheen gekomen?" "Ik kwam hierheen, terwijl ik op de vogeljacht was", zei Sangumang; "waardoor zijn hier zopas zoveel van je kippen doodgegaan?" Toen antwoordde Tato Djungkang Karang: "Omdat ik ze geslagen heb. Het is geen manier, zulke lelijke dingen ze al kakelend zeggen, en dat hebben ze nooit eerder gedaan!" Toen vroeg Sangumang weer: "Hoe kan je straks zoveel opeten?" En Tato Djungkang Karang antwoordde: "Waarom zou ik iets eten, dat daar dood ligt door mijn woede? En ik heb er tòch al geen zin meer in om iedere dag kippen en eieren te eten. Als jij ze wilt wegnemen, ga je gang dan maar!" Zodra Sangumang dat gehoord had, begon hij de dode kippen te verzamelen en in zijn draagmand te stoppen. Hij bedankte de eigenaar van de kippen en ging van daar weer op weg naar huis. Toen hij thuiskwam vroeg hij zijn moeder ze lekker klaar te maken, te braden, te roosteren en te koken.

Toen kwam de koning bij hen op bezoek, terwijl ze juist aan het eten waren. Sangumang bediende zijn oom met gebraden en geroosterde kip en de koning was erg verbaasd toen hij zag hoeveel kip hem voorgezet werd. "Wat hebben jullie een lekkere bijgerechten, neef. Hoe kom je aan zoveel kippen?" vroeg de koning. "O, die heb ik bij het huis van Tato Djungkang Karang gevonden", antwoordde Sangumang. En hij vertelde de list die hij gebruikt had om Tato Djungkang Karang zo woedend te maken dat hij zijn kippen doodsloeg. Toen hij dat gehoord had, kwam bij de koning het plan op om het Sangumang na te doen. Toen de koning, na zijn bezoek aan Sangumang, thuis-

---

[10] *rambat* - een opengevlochten, kleine, cilindervormige draagmand met schouderhengsels; zie illustratie.

Djungkang Karang mahewes mampatei manuk. Mahining auh te maharadja ina² angat huang umba mawi kilau gawin Sangumang. Sampai huma buli bara eka Sangumang, maharadja manjarita miat atei te akan Langgir kabalie tuntang anak djariae. "Terai, apang, ela ikau manumon gawin Sangumang, mikeh ikau buah tjelaka kareh", koan kare anak djariae. Tapi maharadja badjudju dia maku mahining auh nasihat kare anak djariae.

Andau djewu maharadja manandjung manangguh kaleka Tato Djungkang Karang idje magon are toto manuk. Te ie palus lumpat idje karani manuk mampunduk arep hete. Amon katika manuk nanteluh tuntang rami nampukak, maka maharadja nampukak kea. Hajak auh te kea ie manjapa Tato Djungkang Karang kilau gawin Sangumang helo. Tato Djungkang Karang kadjerae mampadjadi daren amak tahing. Mahining auh te ie hengan tuntang sangit hamauh: "Idje kueh tinai manuk, idje paham kapapan auh tampukak, manjapa aku." Ie balua kilik-kilika tapi djaton mite taloh narai². Te ie balaku parei akan panginan manuk. Dengan te ie mantehau kare² manuk mampakanae, te manuk uras rami manutuk parei tuntang terai nampukak. Tapi maharadja magon ih nampukak sambil mawi auh idje papa manjapa Tato Djungkang Karang. Ie dia mingat auh Sangumang kilen ampie ie malalus hal te.

Mahining auh tampukak maharadja te Tato Djungkang Karang manangguh karani kaleka maharadja munduk sambil mimbit idje dereh kaju. Maharadja nampukak tarus tuntang dia katawan tinai Tato Djungkang Karang djari tokep. Tato Djungkang Karang mite maharadja dan sana tokep ie mahambat dereh te intu karani sampai karani te eka maharadja munduk, baduruh akan petak. Maharadja tarewen dan handak hadari tapi dia sampet, karana pandehan ie mampalua arep bara karani te, Tato Djungkang Karang mamukul ie tinai sambil hamauh: "Tuh akan upahm, ikau idje djari mawi auh kalote, sampai aku djari mampatei manukku due telo puluh kare."

Kalote maharadja buah pukul intu hete sampai dia ulih hingkat tinai. Limbah Tato Djungkang Karang djari peda angat malapas kasangit te, ie buli huma dan malihi maharadja lantung² intu petak.

Umbet katahie maharadja tudjah, maka ie ulih tinai hingkat dan mamaksa arep buli manandjung akan huma. Kare awang anak puna entai² dengan maharadja idje djari sampai halemei andau, magon djaton ati buli huma. Lius kaput salenga ewen mahining aton auh oloh marak kuntuh tarahining bara likut huma. Ewen balua, maka taragitae maharadja baja² ulih mangasar manokep huma marak kembang

gekomen was, vertelde hij zijn plan aan Langgir en hun kinderen. "Nee toch, Vader, probeer toch niet hetzelfde te doen als Sangumang, er zou een ongeluk van kunnen komen", zeiden al zijn dochters. Maar de koning hield aan en wou niet naar de raad van zijn kinderen luisteren.

De volgende morgen liep de koning naar de woonplaats van Tato Djungkang Karang, die nog steeds veel kippen had. Daar klom hij meteen in een kippenmand en ging zitten. Toen de kippen gingen leggen en ze erg druk kakelden, begon de koning ook te kakelen. En onderwijl schold hij ook Tato Djungkang Karang uit, zoals Sangumang dat eerder gedaan had. Tato Djungkang Karang was juist klaar met het vlechten van de rotanmat. Toen hij die woorden hoorde, was hij verbaasd en hij riep woedend: "Welke kip is dat nu weer, die zulke slechte dingen kakelt en mij uitscheldt!" Hij kwam naar buiten en keek nauwkeurig rond, maar hij zag niets. Toen vroeg hij rijst om de kippen te voeren. Daarmee riep hij alle kippen om te komen eten; en de kippen hadden het zo druk met rijst pikken dat ze ophielden met kakelen. Maar de koning ging dóór met kakelen en lelijke woorden zeggen en schelden. Hij had vergeten hoe Sangumang gezegd had dat hij het moest doen.

Toen Tato Djungkang Karang het gekakel van de koning hoorde, ging hij met een stok in zijn hand naar de legmand waar de koning inzat. De koning kakelde maar door en merkte niet dat Tato Djungkang Karang al dichtbij was. Tato Djungkang Karang zag de koning en toen hij dichtbij was, sloeg hij met zijn stok op het kippennest, totdat het met koning en al op de grond viel. De koning schrok en wou weglopen, maar daar had hij geen tijd voor, want toen hij zich uit het kippennest werkte, begon Tato Djungkang Karang hem weer te slaan, terwijl hij riep: "Dat is je loon, omdat je zó gescholden hebt, dat ik wel twintig of dertig van mijn kippen heb doodgeslagen."

Zó werd de koning daar geslagen dat hij niet meer overeind kon komen. Toen Tato Djungkang Karang er genoeg van had om zijn woede de vrije teugel te laten, ging hij naar huis, terwijl hij de koning daar op de grond liet liggen.

Nadat deze een tijdlang bewusteloos was geweest, kon hij weer opstaan en sleepte hij zichzelf naar huis. Al de kinderen van de koning wachtten natuurlijk op hem, omdat hij nog niet thuis was, hoewel het al middag was geweest. Toen het bijna donker werd, hoorden ze plotseling iemand steunen van achter het huis. Ze gingen naar buiten en daar zagen ze de koning, die alleen vooruit kon komen door zichzelf over de grond te schuiven, terwijl zijn gezicht en ogen helemaal op-

muau bau matae. Kare awang anak dari[2] mangoang ie manduhup mimbit ie akan huma, manantamba ie.

Sangumang dumah kea manjenguk mama maharadja idje buah tjelaka te. Atei puna masi, tapi hung atei ie tawe[2] manampajah kahumung maharadja te. Baja sinde tuh Sangumang dia maku marapus manarung ie akan kanih kante tahiu gawin maharadja idje humung te.

5. SANGUMANG MANAK INDUE

Sangumang ewen ndue hindu melai hung eka idje benjem bara eka oloh are. Pambelum ewen ndue paham susah. Sapau humae dia ulih manggantie, iruwut awi badjakah balajan. Indue buah panjakit bakadal mawi pai baputi kilau upak tanteluh, tuntang dia ati ulih manantamba, awi ongkos djaton.

Te hamauh Sangumang dengan indue sinde andau: "Tuh umai tahi ikau djari manak aku. Tuntang katahin te pambelum kue djaton ati kahubah. Kasusah itah ndue tatap dia tau terai. Awi te tumun tirokku, terai ih umai ikau manak aku. Bara andau tuh aku ih manak ikau. Tuntang limbah te kue tuh pindah ih akan batang danom hai kaleka kare djukung dagang are mahalau."

Indue djaton ati mawi auh narai[2], manumun ih tirok Sangumang idje heran te.

Amon ewen djari pindah akan batang danom hai, maka Sangumang mintih idje kaleka bahalap akan mamangun huma tuntang batang talian. Hete ie mamangun huma tuntang manampa kaleka bakuwu. Limbah te Sangumang mandak anak te intu kaleka djete, tuntang manarung akan oloh are, idje ie aton mingkes anak bawi budjang tabela.

Intu baun huma Sangumang mamangun idje sadai pakaian, maka genep andau ie mekei kare pakaian oloh bawi matjam[2] warna, bahandang, bahidjau, bahenda, baputi tuntang kakai tinai. Amon oloh dagang tende intu batang talian Sangumang, ewen mite hal te, palus atei handak nampajah anak Sangumang te. Ewen lumpat huma, dengan

gezwollen waren. Al zijn dochters renden naar hem toe om hem te helpen, binnen te brengen en medicijnen te geven.

Sangumang kwam ook kijken naar zijn oom de koning, die dit ongeluk was overkomen. Hij had natuurlijk medelijden, maar in zijn hart moest hij lachen, omdat hij zag hoe dom de koning was. Maar voor deze ene keer wilde Sangumang hem niet belachelijk maken door links en rechts rond te vertellen wat de koning voor doms had gedaan.

5. SANGUMANG NEEMT ZIJN MOEDER ALS DOCHTER

Sangumang en zijn moeder leefden erg afgelegen. Zij hadden het moeilijk. Het dak van hun huis kon niet vervangen worden en het was helemaal begroeid met slingerplanten. Sangumangs moeder had een ziekte waardoor haar benen gezwollen en zo wit als eierschalen waren en ze kon geen geneesmiddelen krijgen omdat dat te duur was.

Toen zei Sangumang op een dag tegen zijn moeder: "Je hebt me nu al langgeleden ter wereld gebracht. En sindsdien is er niets aan ons leven veranderd. Onze armoede houdt maar niet op. En daarom had ik gedacht, Moeder, moest je maar ophouden mij als kind te hebben. Vanaf vandaag zal ik jou tot kind hebben. En daarna zullen wij samen verhuizen naar een grote rivier, naar een plaats waar veel schepen en kooplieden voorbij komen."

Zijn moeder zei niets, maar zij volgde de vreemde gedachtengang van Sangumang.

Toen ze verhuisd waren naar een grote rivier, koos Sangumang een mooie plaats om een huis te bouwen en een aanlegsteiger te maken. Daar bouwde hij een huis met een kamer om afgezonderd in te leven.[11] Daarna bracht Sangumang zijn "dochter" in die kamer en hij vertelde aan de mensen, dat de dochter die hij daarin afgezonderd had een jonge maagd was.

Vóór zijn huis maakte Sangumang een drooglijn en iedere dag hing hij daar vrouwenkleren te drogen in allerlei kleuren, rood, groen, geel, wit en zo meer. Als kooplui aanlegden aan de aanlegsteiger van Sangumang, dan zagen zij dat en begeerden meteen Sangumangs dochter te zien. Zij gingen het huis binnen in de hoop dat misschien de dochter

---

[11] *kuwu* = opsluiten. Ouders doen een gelofte hun dochter een zekere tijd, gewoonlijk tot aan hun huwelijk, in een kamer op te sluiten, waar hun tweemaal per dag eten gebracht wordt. Ook vrouwen konden een dergelijke gelofte doen, als hun man afwezig was.

kaharap ajau² anak Sangumang te tau balua handjulu. Tapi Sangumang puna dia maku mamparahan anak. Baja kanatek metuh oloh
madja te anak Sangumang aton mahalau ingalindung awi dinding
benang idje mamisah helat kamar huang dengan luar. Oloh baja tau
manampajah pai idje baputi te. Nampajah djete kare oloh dagang idje
madja sama² nahuang misek anak Sangumang te akan indu kabalie
atawa belah akan manantu. Karana ewen mangira anak Sangumang te
oloh bahalap dengan upak baputi lentah. Tapi Sangumang dia maku
mamparahan anak. Awi kahandak oloh dengan anak te, maka are oloh
idje mampelai kare ramo harta akan Sangumang kilau tanda katoton
atei misek anak Sangumang te. Sangumang uras manarima kare auh
oloh te tuntang kare ramo, tapi haradjur mawi saketa, idje anak te
hindai ulih ingawin awi magon lalau tabela. Tagal kare ramo tengan
oloh are te, maka pambelum Sangumang sasar sanang. Batang taliae
sasar segah tuntang bahalap huma seruk tuntang taloh hapan hung
huma sasar bahalap tuntang tatau tampajah.

Tarung anake sasar² kedjau ngadju ngawa, sampai kare oloh idje
basewut tuntang kare saudagar. Kare ewen te dumah kea mado misek
anak Sangumang tuntang mimbit ramo are akan Sangumang akan katoton auh. Tagal djete Sangumang sasar² tatau tuntang tingkat pambelum
dia tinai tingkat oloh pehe belum tapi marak kare oloh tatau tuntang
basewut.

Kadjariae tarung anak Sangumang te sampai Asang Samaratih ewen
epat puluh. Asang Samaratih kilau idje radja korik melai hila ngawa
kedjau bara eka Sangumang. Dengan kare tundah kolae tuntang paharie
epat puluh biti ie murik manangguh kaleka Sangumang sukup dengan
sandjata parang.

Amon ewen sampai hete, maka ewen mangirim utusan akan Sangumang mansanan kanahuang ewen te dengan anak Sangumang idje paham tarung te. Saruhan Asang Samaratih te puna impahajak dengan
antjaman, iete amon Sangumang dia maku mangawin anak dengan
Asang Samaratih te, maka kare oloh ain Asang Samaratih akan ma-
langgar lewun Sangumang te.

Sangumang manarima auh palakun Asang Samaratih te, tapi aton
pire² hal idje patut injuang pihak hatue akan Sangumang. Koan Sangu-

van Sangumang even tevoorschijn zou komen. Maar Sangumang wou zijn dochter natuurlijk niet laten zien. Alleen soms, als er mensen op bezoek waren, ging de dochter van Sangumang voorbij, verborgen achter een gordijn dat de binnenkamer afscheidde van de voorkamer. Men kon dan alleen maar haar witte benen zien. Als ze dat gezien hadden, wilden alle kooplui die op bezoek kwamen Sangumangs dochter als vrouw vragen of sommigen als schoondochter. Want zij dachten, dat de dochter van Sangumang een mooie vrouw was met een wit-glanzende huid. Maar Sangumang wilde zijn dochter niet laten zien. Omdat ze zijn dochter zochten, lieten veel mensen allerlei kostbaar-heden bij Sangumang achter, als teken dat ze hun huwelijksaanzoek oprecht meenden. Sangumang nam alles aan, de woorden en de ge-schenken, maar hij wendde steeds voor, dat zijn dochter nog niet uit-gehuwelijkt kon worden omdat zij nog veel te jong was. Door alle ge-schenken van de mensen werd Sangumangs leven steeds aangenamer. Zijn aanlegsteiger werd steviger, zijn huis en de kamers werden steeds mooier en de gebruiksvoorwerpen in huis steeds schoner en kostbaarder om te zien.

De roem van zijn dochter ging steeds verder stroomopwaarts en stroomafwaarts, totdat hij alle belangrijke mensen en alle kooplui be-reikt had. Die kwamen ook allen Sangumangs dochter ten huwelijk vragen en zij brachten veel dingen mee om te bewijzen dat ze het werkelijk meenden. Daardoor werd Sangumang steeds rijker en zijn status steeds hoger, niet meer die van een arme man maar behorend bij de rijken en voornamen.

Tenslotte bereikte de roem van Sangumangs dochter ook Asang Samaratih en zijn veertig broeders. Asang Samaratih was een kleine koning, die verweg stroomafwaarts van Sangumang leefde. Met zijn hele familie en met zijn veertig broeders kwam hij de rivier op om Sangumangs huis te bezoeken, compleet met wapens als voor een oorlog.

Toen zij daar aangekomen waren, stuurden zij een boodschapper naar Sangumang, die hem vertelde wat zij wilden met Sangumangs beroemde dochter. De boodschapper van Asang Samaratih had eigenlijk een dreigement bij zich, n.l. dat als Sangumang zijn dochter niet wilde uithuwelijken aan Asang Samaratih, het volk van Asang Samaratih dan Sangumangs dorp zou verwoesten.

Sangumang nam het huwelijksaanzoek van Asang Samaratih aan, maar er moesten nog zeer veel dingen geregeld worden tussen de familie van de bruidegom en Sangumang. Sangumang zei: "Omdat

mang: "Awi bitin keton are tuntang tundah kolangku kea are, maka
aku balaku keton mamangun idje lewu dengan idje putjuk mahligai,
akan kaleka itah kareh bararami." Kare palakun Sangumang te uras
injanggup ewen, dan dengan badjeleng lewu te imangun awi oloh ain
Asang Samaratih dengan idje putjuk mahligai. Sana djete uras djadi
maka ewen mamakat katika malalus pesta kawin te. Djandji te akan
ilalus huang djangka due bulan.

Asang Samaratih buli akan ekae dan manatap arep tolak kawin
dengan anak Sangumang te. Intu lewu ie barami-rami marawei are oloh
uka umba mampahajak ie akan pesta kawin ajue intu kaleka Sangumang. Limbah barami-rami te ewen murik dengan pire² kabawak
djukung hai tatap dengan kare oloh musik gandang garantung. Genep
lewu idje ihalau panganten Asang Samaratih sama² hengan mahining
kare auh gandang garantung marak kare djukung hai te idje indajung
awi kare oloh gantjang abas.

Sangumang melai huma bapikir, karana tuh ie dia tau dia mampalua
anak idje injahukae te. Lime andau djukung panganten akan sampai
kalekae . . . . Te ie tolak akan likut huma maneweng idje batang handjalutung, palus manampa raung idje kabawak ukur² akan idje oloh
budjang bawi tabela. Sana djete djadi, palus imbit benjem² akan
huma amon andau djari kaput. Limbah te ie manduan kambing idje
kungan, mampatei palus iandak intu raung handjalutung te, inutup
tuntang imaku rapat dia tau iukei tinai. Amon alem djari limbah
bentuk alem, Sangumang manarewen arep, manangis manatum, manjewut arep oloh idje basial, karana tuh anak idje inguwu te matei
salenga.

Handjewu andau oloh lewu te sama hengan mahining kabar pampatei anak Sangumang te dan sama dumah manjengok, handak mite
hantun anak te. Tapi sajang, djete djari iandak intu raung dan dia tau
iukei tinai awi pali, koan Sangumang. Akan mandjaga raung te oloh
are genep alem mawi usik liau, tuntang mamanjung mamantu garantung
kilau hadat oloh are dengan soal pampatei.

jullie met velen zijn en ik ook veel familie heb, vraag ik jullie een dorp te bouwen met een klein paleis om daarin straks het feest te houden." Alle huwelijksvoorwaarden van Sangumang werden door hen vervuld en snel werd door de mannen van Asang Samaratih een dorp gebouwd met een paleis. Toen dat allemaal klaar was, drongen ze aan om de tijd voor het huwelijksfeest vast te stellen. De belofte zou worden ingelost over precies twee maanden.

Asang Samaratih keerde weer terug naar zijn woonplaats en ging zich gereedmaken om te vertrekken en in het huwelijk te treden met de dochter van Sangumang. In zijn dorp gaf hij een feest en hij nodigde veel mensen uit om met hem mee te gaan naar het huwelijksfeest in het dorp van Sangumang. Na dat feest gingen zij stroomopwaarts met ik weet niet hoeveel grote boten, elk met muzikanten, die de trommel en de gong bespeelden. Ieder dorp waar de bruidegom Asang Samaratih doorkwam verwonderde zich evenzeer over het geluid van alle trommels en gongs als over alle grote schepen, die met kracht en zonder ophouden door de mannen geroeid werden.

Sangumang bleef in zijn huis nadenken, want nu moest hij zijn dochter, die hij verborgen had gehouden, wel tevoorschijn laten komen. Over vijf dagen zou de boot van de bruidegom bij zijn woonplaats aankomen .... Toen verdween hij naar achter zijn huis, velde een *handjalutung*boom en maakte daar meteen een doodkist van met de afmetingen van een jong meisje. Toen hij daarmee klaar was, bracht hij hem tersluiks in huis, terwijl het al donker was. Daarna nam hij een geit, doodde deze en stopte haar meteen in de doodkist van *handjalutung*hout,[12] sloot de kist en spijkerde hem dicht met veel spijkers, zodat hij niet meer opengemaakt kon worden. Toen het al middernacht was, deed Sangumang of hij erg geschrokken was, hij huilde en weeklaagde en noemde zichzelf een ongelukkig mens omdat zijn dochter, die hij in afzondering had laten leven, plotseling gestorven was.

De volgende morgen waren de mensen van het dorp verbaasd te horen, dat de dochter van Sangumang gestorven was en ze kwamen kijken en wilden het lichaam van het meisje zien. Maar helaas, dit was al in de doodkist gelegd en deze kon niet meer geopend worden, want dat was taboe, zei Sangumang. Om de kist te bewaken, kwamen iedere avond mensen het zielespel [13] spelen en de gong slaan, zoals dat de gewoonte was als er een sterfgeval was.

---

[12] *handjalutung* is een zachte houtsoort, die gewoonlijk gebruikt wordt om doodkisten te maken.

[13] Volgens Mallinckrodt worden er 's nachts gemaskerde dansen opgevoerd omdat er dan kans bestaat dat spoken bezit nemen van het lijk.

Kaepat andau limbah pampatei anak Sangumang te maka arak²an djukung Asang Samaratih sampai dengan kare karamian akan oloh panganten. Rumbungan panganten hatue te hengan manampajah kaleka Sangumang djaton ati tanda² idje barami-rami malengkan aton auh garantung mamanjung bewei. Amon ewen sampai batang Sangumang, te Sangumang balua dengan tangis tatum. Ie mamantu marapitan arep intu baun oloh are hajak manjapa arep belum. Ie mansanan akan ewen djalahan panganten, idje anak bawi te djari matei salenga.

Ewen Asang Samaratih tarewen mahining auh te palus lumpat huma handak mite hantu te. Tapi djari iandak intu raung dan dia tau iukei tinai, awi djete pali hai toto akan tato hiang Sangumang, koan Sangumang.

Asang Samaratih magon badjudju palus manokep raung te, maka kamean ewau maram. Mangkeme ewau te, ie tangkedjet tuntang per-tjaja auh Sangumang palus manangis kea. Ie dia djadi mukei raung te. Limbah kaudju raung te iimbit akan kuburan inggantung kilau tjara oloh kea. Limbah kare upatjara mangubur te terai tuntang atjara mamapas pali lepah, maka Asang Samaratih mansanan arep buli akan lewue. Helo bara te Asang Samaratih mansanan arep kea sala, tuntang mamputang arep taharep Sangumang. Kare lewu idje imangun hete uras mandjadi hak Sangumang, tuntang kare ramo idje iimbit awi Asang Samaratih impelai sebahagian akan Sangumang. Limbah djete kalawun Asang Samaratih buli dengan kanjasal atei. Ulek likut pang-guet Asang Samaratih, Sangumang tatawe handjak, palus mantehau indue dan hamauh: "Tuh kue djari tatau, itah dia susah tinai. Tuntang bara andau tuh aku terai bara anak dengan umai, tapi aku mandjadi anak umai kilau helo."

6. SANGUMANG MANDUP

Sangumang djaton bara gawi melai huma, kuman mihop, menter batiruh bewei. Genep andau djaton ati taloh idje inggawi Sangumang beken bara te. Mite hal te, maka indue maningak ie, uka mubah dasar idje dia bahalap te. Mahining auh tingak indue, Sangumang palus

Vier dagen na de dood van Sangumangs dochter, zie, daar kwam de stoet boten van Asang Samaratih aan, met alle feestelijkheid om de bruidegom. Het gezelschap van de bruidegom verbaasde zich, omdat het er bij de woonplaats van Sangumang niet uitzag alsof men een feest aan het voorbereiden was, maar dat er alleen het geluid was van de begrafenisgongs. Toen zij aan de steiger van Sangumang aanlegden, kwam Sangumang huilend en weeklagend naar buiten. Hij sloeg zichzelf ten overstaan van al die mensen, terwijl hij zichzelf vervloekte omdat hij nog in leven was. Hij vertelde aan de familie van de bruidegom, dat zijn dochter plotseling gestorven was.

Asang Samaratih en de zijnen schrokken toen ze dat hoorden, gingen het huis binnen en wilden het lichaam zien. Maar dat was al in de kist gelegd en die kon niet meer geopend worden, omdat dit een streng taboe in de familie van Sangumang was, zei hij.

Asang Samaratih hield nog aan en naderde de kist, maar hij rook de bedorven lucht. Toen hij die lucht rook, schrok hij en geloofde wat Sangumang gezegd had en barstte ook in tranen uit. Hij liet de kist niet meer openen. Na de zevende dag werd de kist naar de begraafplaats gebracht en opgehangen, zoals dat de gewoonte was. Toen het hele begrafenisceremoniëel was beëindigd en de gang van zaken om het taboe op te heffen was volbracht, kondigde Asang Samaratih aan dat hij weer terugging naar zijn dorp. Maar voordat hij vertrok, gaf Asang Samaratih toe dat hij fout geweest was en hij nam op zich boete te betalen aan Sangumang. Het hele dorp dat hij daar gezet had werd eigendom van Sangumang en van alle dingen die hij meegebracht had werd een gedeelte bij Sangumang achtergelaten. Nadat dit geregeld was, ging Asang Samaratih rouwend weer naar huis. Terwijl het kielzog van Asang Samaratihs boten nog te zien was, begon Sangumang al verheugd te lachen, riep terstond zijn moeder en zei: "Nu zijn we rijk geworden, we hebben geen zorgen meer. En vanaf deze dag houd ik ermee op mijn moeder als dochter te hebben, maar ik word weer het kind van mijn moeder, zoals vroeger."

6. SANGUMANG GAAT OP JACHT

Sangumang had niets te doen; hij bleef maar thuis, eten en drinken, liggen en slapen. Geen enkele dag deed Sangumang iets anders dan dat. Zijn moeder, die dit zag, vermaande hem om deze slechte levensstijl te veranderen. Na de vermaning van zijn moeder maakte Sangu-

marentjana mawi pangguet mandup akan eka kedjau. Ie manjoho indue
manampa udju kabawak katupat sinta akan bahata. Limbah taloh
handiai djari tatap, balalu Sangumang mimbit idje kungan aso kasa-
jangae, tapi menteng. Amon aso te mangang meto, te pasti meto te
akan dinon. Tuntang aso te djari iuruk toto awi Sangumang. Kalote
Sangumang manandjung manalih idje parak kaju mangkahimat manggau bawoi, badjang atawa meto idje tau kinan. Tapi pire[2] andau katahie
ie manandjung djaton ati kea pasuru meto, tuntang katupat bahata te
tisa idje due kabawak bewei. Hung andau idje kaudju, amon bahata
djari lepah, salenga Sangumang pasuru idje padang lumbah, petak
barasih kilau awan eka oloh melai. Bentuk padang te aton idje batang
kaju hai toto. Kalote kahai sampai due djam katahie Sangumang mangaliling upon kaju te manandjung. Intu upon kaju te ie sondau idje
rumbak idje hai. Palus ie tame rumbak te mundok hete dan patiruh
aso, mangahana ridu atawa mangang.

Amon andau djari tokep kaput sasandja, te aton dumah bara Timur
Barat radjan kambe bawi hatue dengan kare desa rakjat baribu-ribu.
Sangumang mambenjem arep tuntang aso kea dia kea habut mangkeme
ewau kambe te. Radja kambe te dumah manintu upon kaju palus
mundok hete bawi hatue. Kare desa rakjat kea mundok hakaliling upon
kaju te intu bentuk padang dengan auh idje rami toto. Salenga aton
bara kare ewen te telo biti kare idje hamauh: "Lehae aton ewau kalunen tokep hetuh." Hal te insanan ewen badjeleng akan radja kambe te.
Tombah radja: "Dia mungkin, oloh kalunen dia maka ulih sampai
kaleka itah tuh ! Urung ajungku djaton ati mangkeme taloh narai[2].
Mikeh urungm idje sala mambewau taloh. Awi te benjem bewei ikau."

Limbah te radja kambe mampalua idje kungan badjawak bulau,
palus badjapa badjimat balaku taloh kinan dengan djete akan kare
rakjat handiai. Sana terai ie hamauh balaku matjam[2] panginan te maka
panginan salenga aton tatap simpan hundjun dulang lasut[2], mandjadi
baka heran[2] tampajah. Maka kare kambe idje aton hete sama[2] manduan
bagie bara panginan idje djari tarasadia hete. Sangumang manantuani
hal te benjem[2] tuntang djari mingkes tirok manakau badjawak bulau
te, amon aton djalan. Kare kambe te uras besuh kuman mihup dan
sama[2] mampeter arep hundjun padang lumbah te palus tapatiruh dia
katawan taloh narai[2] tinai.

Mite kare kambe te uras batiruh, Sangumang balua rangkah[2] manggau kaleka radja kambe te mingkes badjawak bulau sakti te. Ampie
dia kedjau bara balikat radja kambe te aton iingkes hete buah[2]. Tapi
radja kambe te batiruh paham dengan dia ati mangira taloh narai idje

mang meteen een plan om ergens verweg te gaan jagen. Hij verzocht zijn moeder om zeven pakjes rijst als proviand voor hem klaar te maken. Zodra alles gereed was, nam Sangumang een van zijn honden mee, zijn liefste hond, die ook heel dapper was. Als die hond blafte, omdat hij een dier rook, dan werd dat dier ook zeker gevangen. En deze hond was door Sangumang heel goed afgericht. Zo liep Sangumang naar een bos, van plan om een varken, hert of wat voor ander eetbaar dier ook maar te zoeken. Maar hoeveel dagen had hij al niet gelopen zonder ook maar een dier te ontmoeten; van zijn proviand waren nog maar een of twee pakjes over. Op de zevende dag, toen zijn proviand al op was, kwam Sangumang plotseling op een wijd grasveld, waar de grond schoongehouden was zoals op plaatsen waar vroeger mensen gewoond hebben. Midden op dat grasveld was een heel grote boom. Die boom was zo groot, dat het Sangumang twee uur kostte om er omheen te lopen. In de stam van die boom vond hij een grote holte. Meteen ging hij deze holte binnen; hij ging daar zitten, deed zijn hond liggen en verbood hem lawaai te maken of te blaffen.

Toen het al bijna donker was, kwamen in de avondschemering van Oost en West de koning en de koningin van de geesten met al hun onderhorig volk, duizenden en duizenden. Sangumang hield zich stil en ook zijn hond werd niet boos toen hij de geesten rook. De koning der geesten kwam naar de boom toe en zette zich daar met zijn vrouw. Het gehele volk ging rondom de boom zitten, midden op het grasveld, onder druk gepraat. Plotseling riepen drie van al die geesten: "Vreemd, we ruiken mensenvlees, hier vlakbij." Dit werd snel aan de koning overgebracht. De koning antwoordde: "Onmogelijk ! Mensen kunnen onze woonplaats niet bereiken. Mijn neus ruikt niets. Jullie neus zal de dingen wel verkeerd ruiken. Houd je daarom maar stil."

Daarna haalde de koning een gouden leguaan te voorschijn, begon meteen te toveren en vroeg aan hem eten voor zijn hele volk. Zodra hij ophield allerlei soorten eten te vragen, was dat eten er ook, opgetast op een houten schaal en nog warm, het was een wonder om te zien. Toen namen alle geesten die daar samengekomen waren een gedeelte van het eten dat daar klaar stond. Sangumang bekeek dit alles in stilte en koesterde al de gedachte om die gouden leguaan te stelen, indien mogelijk. Alle geesten aten en dronken tot ze genoeg hadden, legden zich toen te rusten op dat grote grasveld en wisten van niets meer.

Toen Sangumang zag, dat alle geesten sliepen, kwam hij langzaam tevoorschijn om de plek te zoeken waar de koning der geesten die heilige gouden leguaan opgeborgen had. Het bleek dat hij goed was

sala. Sangumang manduan badjawak bulau te rangkah[2] dan limbah te ie tame rumbak tinai mambenjem arep hete. Amon alem djari tampala- wei kare kambe te djari nampara misik tuntang manatap arep akan djalanae bagawi andau tinai, maka radja kambe misik kea. Kare kambe mangumpul arep akan kuman, maka radja kambe manggau sarangan badjawak bulau te lilap bara kaleka. Ie habut manggau kanih kante, hapus padang te tuntang hakaliling kaju te tapi djaton ati sondau. Te hamauh tengah belah kambe te manjalan: "Male aku mansanan akan keton aton ewau kalunen tokep. Batantu haliai badjawak bulau te djari inakau awi oloh te. Kilen ampin itah duae tinai?" Tombah belah tinai: "Mbuhen ikau dia badjaga amon ikau aton mangkeme ewau kalunen te? Diakah djete kapatutm mahaga ramo barega te akan kare anak djariam?" Kalote ewen handiai soal[2] tagal badjawak bulau idje nihau te, hakaridu hadawa kolae, palus malait, kadjariae ewen haka- lahi sama arep intu hete. Kalahi te rami toto tuntang ridu toto auh sampai kare burung meto uras hadari babuhau mahakan kaleka te. Kadjarian kalahi te kare kambe uras matei batisa due biti, bawi hatue. Idje hadari akan hila Timur, idje akan hila Barat, sama[2] mimbit tintun darie.

Limbah kare kambe te benjem Sangumang balua bara rumbak, palus manandjung buli huma. Limbah pire[2] andau ewen ndue aso sampai huma. Sana sampai, te Sangumang mukei badjawak bulau te badjapa badjimat balaku panginan. Hengan indue mite taloh idje djari mandjadi kalote, tapi dengan kahandjak atei ie kuman djete.

Sinde andau maharadja madja Sangumang ewen ndue hindu. Sangu- mang manjarungan mama te dengan matjam[2] panginan idje mangat[2], idje djaton ati oloh pudji pakasak intu lewu te. Maharadja hengan mite kare panginan kalote kamangat, tuntang misek bara kueh ewen dinon taloh kalote. Sangumang mansanan idje ajue aton badjawak bulau tuntang dengan djete ie djari mandjapa taloh kinan narai idje ingahandak bewei.

Mahining auh te maharadja djari manirok hung atei manggau idje kungan badjawak bulau, uka tau mandjapa taloh kinan kilau gawin Sangumang.

Sana buli huma maharadja manjoho Langgir kabalie manampa katu- pat sinta udju kabawak akan bahata. Limbah taloh handiai djari tatap, maka maharadja mintih aso idje rangkamenteng, palus manandjung manintu parak kaju. Dia sampai balihang andau ie manandjung, te aso salenga mangang idje kungan badjawak bulau. Badjawak te manahan,

weggelegd, vlakbij de koning der geesten. Maar de koning sliep zwaar, niet vermoedend dat er iets verkeerd zou kunnen gaan. Rustig pakte Sangumang de gouden leguaan; daarna ging hij weer terug naar de holte in de boom, waar hij zich stilhield. Toen de ochtendschemering kwam, begonnen alle geesten wakker te worden en zich klaar te maken voor een nieuwe werkdag. Ook de koning der geesten werd wakker. Alle geesten verzamelden zich om te gaan eten en de koning zocht de pot met de gouden leguaan erin, die van zijn plaats verdwenen was. Woedend zocht hij naar alle kanten over het hele veld en rondom de boom, maar hij vond hem niet. Toen begon een deel van de geesten de koning te beschuldigen: "Gisteren zeiden we toch tegen U, dat er mensenlucht in de buurt was. De gouden leguaan is zeker al door die mens gestolen. Hoe kunnen we hem terug krijgen?" De anderen antwoordden: "Waarom heb je hem dan niet bewaakt, als je mensenvlees rook? Behoor je waardevolle dingen niet voor het nageslacht te bewaren?" Zo maakten zij met elkaar ruzie over de verdwenen gouden leguaan, zij schreeuwden en beschuldigden elkaar, scholden elkaar uit en gingen tenslotte met elkaar vechten. Er werd hevig gevochten en dat maakte zó'n lawaai dat alle vogels en alle dieren vluchtten en wegliepen van die plaats. Bij dat gevecht kwamen alle geesten om; twee bleven er maar over, een man en een vrouw. De een vluchtte naar het Oosten, de andere naar het Westen, beiden namen ze een andere richting om te vluchten.

Toen alle geesten stil waren geworden, kwam Sangumang uit zijn hol en ging meteen naar huis terug. Na vele dagen kwam hij met zijn hond thuis. Daar aangekomen, haalde hij de gouden leguaan te voorschijn om te toveren en eten te vragen. Zijn moeder was verbaasd, toen ze zag wat daar gebeurde, maar ze at het verheugd op.

Op een dag bezocht de koning Sangumang en zijn moeder. Sangumang zette zijn oom allerlei lekkere hapjes voor, zoals die nog nooit door iemand in dat dorp waren gekookt. De koning was verbaasd zoveel lekker eten te zien en hij vroeg hoe ze daar aan kwamen. Sangumang vertelde, dat hij een gouden leguaan had en dat hij daarmee tevoorschijn kon toveren wàt voor eten ze maar hebben wilden.

Toen de koning dat hoorde begon hij in stilte er al over te denken om ook een vrouwtjesleguaan [14] te zoeken, zodat hij eten zou kunnen toveren net als Sangumang.

---

[14] *bulau* = goud, maar kan ook betekenen vrouwelijke geslachtsdelen. De woordspeling waarop het misverstand van de koning berust, is niet vertaalbaar.

palus inawan awi maharadja imasung imbit buli huma. Intu huma
iingkes intu seruk djangkut, dia tau oloh mite tinai.

Pire² andau limbah te maharadja manampa pesta hai marawei kare
oloh basewut hung hapus lewu, bakas tabela barami-rami intu eka,
tagal badjawak te. Kare anak djariae injoho manatap piring mangkuk
bewei, dia usah mawi taloh beken tinai. Puna ewen sama hengan amon
mahining auh maharadja kalote, tapi ewen dia kea mambantah auh.

Te aton dumah oloh are akan human maharadja, Sangumang ewen
ndue hindu mahin aton kea. Amon djari sampai katika oloh are akan
kuman, maharadja manjoho oloh munduk habaris manjusun arep manaharep piring buang tuntang mangkuk buang bewei. Koae: "Ajungku
aton badjawak sakti idje kareh manenga panginan narai idje ingahandak bewei."

Seneh² bewei oloh are mahining auh maharadja idje aneh kalote.
Maharadja mampalua badjawak bara seruk djangkut, badjapa badjimat
intu baun oloh are balaku panginan pesta te palus malapas pasung
badjawak te intu karung kuman te. Sana badjawak lapas bara pasung,
maka ie palus manangkadjuk mahalau oloh are tuntang mangaramak
biti bereng oloh idje ihalau. Te oloh are sama harikas hadari, habut
mahakan bara karung te, hasanselo mangguang bauntunggang. Tagal
djete puna are kea idje talukas kare pai lenge awi balawu, tuntang
bahimang tagal karamak badjawak bulau te. Paham kea kasangit oloh
are dengan maharadja, tapi injarenan ih awi ie puna maharadja hete.

Oloh are djari lepah buli, te koan Sangumang: "Lehan² kahumung
amang mampahawen arep kalote. Tuh dia aku terai manarung djete.
Bakiwak besei inambing, bapulek teken injambungku, kalote aku akan
ngadju ngawa mansanan taloh idje mandjadi tuh."

Tombah maharadja: "Ela, aken ! Kareh aku manenga ikau garantung balanga akan panataum." Koan Sangumang: "Akan, narai ? Garantung pantu ajun kue umai mahin djari are tuntang mambisau bewei
auh. Balanga akan sarangan danum kue umai mahin djari are, dia
ulihku masip manjuang, tuntang djete baja manjeke huma bewei. Aku
dia akan undur manarung amangku tagal badjawak te." Te koan
maharadja tinai: "Ela ih aken, kareh aku manenga akam anak bawi
djahawen." Tapi koan Sangumang: "Kan narai ? Akan sawangku
lalau kare, akan djipengku, ewen te betauku. Aku dia akan undur
manarung amangku !" "Djadi ih aken", koan maharadja, "kareh aku
manenga akam putir busu." Mahining auh te Sangumang handjak
palus hamauh: "Amon kalote barangai ih. Imbit ih putir busu akan
eka ikei kareh."

Toen hij thuisgekomen was, verzocht de koning zijn vrouw, Langgir, om zeven pakjes rijst klaar te maken als proviand. Toen alles klaar was, koos de koning zijn moedigste hond uit en ging meteen naar het bos. Hij had nog niet tot de avond gelopen of de hond begon plotseling te blaffen omdat hij een vrouwtjesleguaan gevonden had. De leguaan verweerde zich, maar werd door de koning gepakt, vastgebonden en meegenomen naar huis. Thuis stopte hij haar in een hoekje van zijn klamboe, zodat de mensen haar niet meer konden zien.

Enige tijd nadien gaf de koning een groot feest; hij nodigde alle belangrijke mensen van het dorp uit, oud en jong, om een feest te houden in zijn huis, alles vanwege die leguaan. Zijn dochters droeg hij op om borden en soepkommen klaar te zetten, iets anders hoefden zij niet te doen. Natuurlijk verbaasden zij zich toen ze hoorden wat de koning zei, maar ze gingen er niet tegen in.

Toen kwamen allen naar het huis van de koning; Sangumang en zijn moeder waren er ook bij. Toen het tijd werd om de mensen te eten te geven verzocht de koning hen op rijen naast elkaar te gaan zitten tegenover de lege borden en kommen. Hij zei: "Ik heb een heilige leguaan, die straks te eten zal geven wàt we maar hebben willen."

Men hoorde deze vreemde woorden van de koning maar aan. De koning haalde de leguaan uit het hoekje van de klamboe, begon ten overstaan van alle mensen toverspreuken uit te spreken, vroeg feesteten en maakte de banden van de leguaan los in de eetzaal. Zodra de leguaan los was, sprong zij langs de mensen heen en krabde diegenen waar ze voorbijkwam. Toen liepen allen weg; mopperend ontvluchtten zij de kamer, de een probeerde vóór de ander de deur te vinden. Daardoor vielen natuurlijk velen en zij verstuikten hun enkels of polsen en ook velen werden gewond door het krabben van de vrouwtjesleguaan. De mensen waren dan ook erg boos op de koning, doch verdroegen het maar omdat hij nu eenmaal koning was.

Toen de mensen naar huis waren gegaan, zei Sangumang: "Wat verschrikkelijk dom om je zo te schande te maken, Oom. Ik ben niet te weerhouden dit rond te vertellen. Al zou mijn roeiriem er bij kapot gaan en mijn vaarboom breken, toch zal ik stroomopwaarts en stroom-afwaarts gaan om te vertellen wat hier gebeurd is."

De koning antwoordde: "Nee neef, ik zal je verrijken met een gong en een vat van aardewerk." Maar Sangumang zei: "Waarvoor ? Gongs om op te slaan hebben mijn moeder en ik al veel en het lawaai ver-moeit maar. Vaten om water in te bewaren hebben mijn moeder en ik ook veel, ik kan niet genoeg water scheppen om ze te vullen en

Te maharadja manenga putir busu akan Sangumang, limbah kare auh djandji te endau. Sangumang manjarah putir busu te akan indue, karana hindai kawin dengae. Pire[2] andau putir busu umba minae melai eka Sangumang.

Te koan Sangumang sinde andau: "Tuh, umai. Amon aton auh taloh beneh[2] gutuk[2] hamalem kareh ela keton ndue maningak. Benjem ih keton ela hamauh narai manahiu te." Indue benjem ih dia ati tombah[2] auh Sangumang te.

Amon hamalem andau tuntang oloh are djari rata batiruh, maka Sangumang balua huma, badjapa badjimat. Ie balaku lewu, tandipah lewun maharadja hila dipah lewu ngadju, telo katandjung kangawa, telo katandjung kangadju, sukup dengan desa rajat dengan idje putjuk mahligai eka putir busu. Kalote taloh handiai te mandjadi sakatika tuntang dia oloh are katawae. Handjulu bewei djete mandjadi lewu bahalap dengan idje istana akan Sangumang dengan telo puluh karung eka batiruh tuntang telo puluh karung eka oloh munduk baangin-angin. Indue tuntang putir busu iindah awi Sangumang benjem[2] akan lewu te, palus iandak intu huma idje hai toto te.

Sangumang verlaat het huis van zijn moeder.
Afbeelding op een bamboekoker (collectie Rijksmuseum v. Volkenkunde, Leiden)

ze maken het huis maar vol. Ik zal niet nalaten alles bekend te maken over mijn oom naar aanleiding van die leguaan." Toen zei de koning weer: "Nee toch neef, ik zal je mijn zes dochters geven." Maar Sangumang antwoordde: "Waarvoor? Als vrouw zijn het er te veel en als slavin — het zijn mijn nichten. Ik zal niet nalaten alles over mijn oom bekend te maken." "Vooruit dan maar, neef", zei de koning, "ik zal je Putir Busu geven." Toen Sangumang dat hoorde, was hij blij en hij zei meteen: "Als dat zo is, dan laat ik het wel. Breng Putir Busu straks naar ons huis."

Toen gaf de koning Putir Busu aan Sangumang, omdat hij dat zopas beloofd had. Sangumang gaf Putir Busu over aan zijn moeder, omdat hij nog niet met haar getrouwd was. Heel wat dagen bleef Putir Busu bij haar tante in het huis van Sangumang.

Toen zei Sangumang op een dag: "Hoor eens, Moeder, als er vannacht een geluid als gezoem of geruis is, schenk er dan geen aandacht aan. Blijf rustig en zeg er niets over." Zijn moeder zweeg en antwoordde Sangumang niet.

Toen het nacht was geworden en alle mensen al sliepen, verliet Sangumang het huis om te gaan toveren. Hij vroeg een dorp, tegenover het dorp van de koning, tegenover het meest stroomopwaarts gelegen gedeelte van dat dorp en dan drie bochten stroomafwaarts en drie bochten stroomopwaarts, vol met mensen en met een paleis voor Putir Busu om in te wonen. Zo gebeurde het allemaal terzelfdertijd en de mensen wisten het niet. Op eenmaal werd dit een mooi dorp met een paleis voor Sangumang met dertig slaapkamers en dertig ruime en luchtige woonkamers. Zijn moeder en Putir Busu werden door Sangumang stilletjes verhuisd naar het nieuwe dorp, hij bracht ze meteen naar het grote huis.

De volgende morgen waren alle dorpelingen even verbaasd toen ze zagen, dat er zo'n druk dorp was aan de overkant van de rivier. Ze zagen daar een markt met winkels op een rij, rijke huizen dicht opeen en jonge slaven in groepen, die aan het werk waren om alles schoon te houden.

De koning was net wakker en ging naar de aanlegsteiger om zijn gezicht te wassen. Toen hij stroomopwaarts keek en het dorp zag, witglanzend en druk om te horen, schrok hij geweldig, zodat hij niet meer wist wat hij eigenlijk gezien had. Hij dacht dat de vijand gekomen was en dat Putir Busu al was meegenomen door de vijand. Daarom rende hij naar huis terug om zijn wapens te halen. Zijn eerste greep was verkeerd, toen greep hij bij vergissing een stuk hout, hij zocht zijn messen

Handjewu andau kare oloh lewu sama hengan mite aton lewu dipah lewu idje kalote karami. Hete oloh mite pasar toko badjadjar, gudang uang hatinggang, kare djipen tabela hatengkas buntis bagawi marasih kare taloh matjam[2].

Maharadja harue misik dan mohon akan batang manjaup baue. Metoh ie nampajah akan ngadju taratampajah lewu idje lenak[2] baputi tuntang rami toto auh, maka ie tangkedjet toto angat hambaruae, sampai dia tinai ulih mangasene narai idje djari inampajah. Ie mangira aton asang dumah mamuk tuntang tuh putir busu djari induan awi asang te. Kalote ie dari[2] buli huma manduan kare sandjata. Tekap idje sala, taratekap dereh kaju, manggau pisau lundju uras dia katawan dari tinai, karana puna dia ati iharagu sama-sinde. Kadjariae ie tolak kea dengan idje djukung sudur mambesei hapan besei bakiwak. Sampai tapakan lewu taheta te, aton oloh idje badengen mohon akan batang. Ie misek oloh te, tapi djaton ati tumbah, awi dia ulih mahining tinai. Maharadja sangit dengan oloh te, palus oloh te inepe hapan besei babaring danom.

Ie tolak tinai bara hete, hasondau dengan oloh bisu. Ie misek oloh te, tapi dia tau bapander. Maharadja sangit tinai balalu mantjepak oloh te akan danom. Bara hete ie tolak tinai hasondau dengan oloh babute. Ie misek oloh te eweh tempon lewu te. Oloh babute te mansanan akae, djete lewun Sangumang. Paham kahandjak atei maharadja mahining auh te palus dari[2] ie handak manjenguk anak putir busu. Sana sampai baun istana, ie hengan mite kahalap taloh hete tereng[2] dia ati guet[2] nampajah taloh, tapi Sangumang aton tokep. Metuh ie kalote, salenga mahiau idje lela hai "Darrr". Maharadja tangkedjet tambalang akan talaga engkak arae. Hete maharadja iengkak kare kahumung kamameh. "Balang ih aku aken!" koan maharadja lompat bisa luntus bara talaga te. "Ela, mang, ganti pakaian helo", koan Sangumang. Kare djipen tabelan Sangumang dari[2] mimbit kare pakaian bahalap tinai akan maharadja. Limbah djari baganti pakaian, maharadja manandjung tinai sampai eka talaga tuah arae. Ie ture[2] mite kare matjam[2] lauk aton hete, te metuh ie kalote salenga mahiau tinai lela hai. Ie tangkedjet dan tambalang intu talaga te. Intu hete maharadja iubah mandjadi oloh idje barasih ampin tampajah matae baue, tuntang oloh idje basewut batuah ampin kare tandjung tetei. "Balang aku, aku balang aken", koan maharadja. "Ela, mang, ganti pakaian ih", koan Sangumang. Kalote maharadja lumpat, palus dinon pakaian taheta tinai. Maharadja baganti pakaian, palus tolak tinai bara hete, te sampai idje talaga idje mangat ewau awi are toto kambang intu hete. Ie tende tinai mangkeme ewau kambang idje bahalap te. Metuh

en lansen, maar wist niet meer waar ze gebleven waren omdat hij ze nooit in orde gebracht had. Even later vertrok hij met een smalle boot, roeiend met een kapotte riem. Toen hij aan het einde van het nieuwe dorp kwam, liep er een dove naar de aanlegsteiger. Hij vroeg de man wat, maar kreeg geen antwoord, omdat de man niet horen kon. De koning werd boos op die man en stootte hem aan met zijn riem, zodat hij in het water viel.

Hij ging vandaar weer verder en ontmoette een stomme. Hij vroeg die man wat, maar deze kon niet praten. De koning werd weer boos en gaf die man een schop, zodat hij in het water viel. Vandaar ging hij weer verder, om een blinde te ontmoeten. Hij vroeg die man, van wie het dorp was. De blinde vertelde hem, dat dit dorp van Sangumang was. De koning was blij van hart, toen hij dit hoorde en hij begon meteen snel te lopen om zijn dochter Putir Busu te bezoeken. Toen hij voor het paleis was gekomen, zag hij verbaasd hoe mooi de gebouwen waren die daar oprezen; bewegingloos bekeek hij ze. Maar Sangumang was vlakbij. Toen de koning daar zo stond, ging er plotseling een groot kanon af: *Darr !* Hij schrok en werd omvergeblazen in een vijver, die de naam "Uittrekken" had. Daar werd de koning àl zijn domheid uitgetrokken. "Mijn bezoek gaat niet door, neef", zei de koning, toen hij doornat uit de vijver aan wal kwam. "O nee, Oom, verwissel je kleren eerst maar", zei Sangumang. Alle jonge slaven van Sangumang renden weg om mooie kleren voor de koning te halen. Toen de koning zich had verkleed, ging hij weer op weg, tot hij bij een meer kwam dat "Geluk" heette. Hij keek aandachtig naar alle soorten vissen die hij daar zag, toen plotseling weer het grote kanon bulderde. Hij schrok en werd in het meer geblazen. Daarin werd de koning veranderd in een man die schoon was van uiterlijk en bekend stond om zijn geluk langs alle bochten van de rivier. "Mijn bezoek gaat niet door, neef", zei de koning. "Nee Oom, verwissel je kleren maar", zei Sangumang. Zo kwam de koning weer op de oever en meteen kreeg hij nieuwe kleren. Toen de koning zich had verkleed, gingen ze meteen weer vandaar, tot ze bij een meer kwamen dat erg lekker rook omdat daar veel bloemen waren. Hij stond weer stil om die lekkere bloemengeur te ruiken. Toen hij zo stilstond, bulderde het grote kanon plotseling weer. De koning werd weer in dit meer geblazen, omdat hij schrok. Daar werd zijn lichaam schoongemaakt met geurend water, zodat zijn lichaamsgeur niet meer was als van ingemaakt zuur vlees, maar zoals de geur van mensen die allerlei lekkere oliën en dure geurende zepen gebruiken.

ie kalote, salenga mahiau tinai lela hai. Maharadja tambalang tinai awi
katarewee akan talaga djete. Hete bitin maharadja irasih tinai dengan
danom harum, sampai ewau bitie dia tinan kilau ewau wadi pakasem,
tapi kilau ewau oloh idje mahapan kare minjak harum, sabun harum
idje barega.

Limbah baganti pakaian, Sangumang mamalus maharadja tame hasondau dengan indue tuntang putir busu idje aton intu putjuk mahligai.

Hete indu Sangumang mamander ie tahiu malalus pangawin Sangumang dengan putir busu, idje dia tahi tinai akan ilalus.

Buli bara hete maharadja mimbit kare anak bawi djahawen, kabalie
Langgir manangguh kaleka Sangumang umba manatap pesta kawin
idje hai toto te. Kawin te imesta katahin udju andau udju alem dengan
karamian idje sukup toto. Tuntang akan pakanan oloh are, badjawak
bulau santar mampalua panginan. Limbah pesta lepah te sama² oloh
are buli akan ekae. Maharadja kea buli tuntang marentah kare oloh
ajue dengan bahalap dia dengan kahumung tinai.

7. SANGUMANG MAMISI

Sangumang djaton bara balut. Aton bawoi, sajang impatei, awi lagi
korik. Aton manuk, sajang impatei, awi lagi maherem tanteloh. Te ie
manandjung madja mama maharadja. Hete ie mansanan koae: "Lehae,
ma ! Hung likut human itah tuh aton danau dia kedjau bara lewu.
Hete aku mite are toto lauk hai. Tapi umpan mamisi hete ampie idje
bahalap iete isin bawoi, manuk. Djaka manuk, te bulat² ih ingkuak
intu pisi; djaka bawoi te paling dia silan tulang barawar idje ilabuh
dengan pisi te. Aku kira dia itah rugi mamisi hete."

Mahining auh te maharadja mipen toto, karana ie djari manirok
mawi wadi pakasem mandjuhan. Te koae: "Amon kalote, djewu ih
aku mamisi hete. Helo aku musti manatap umpan idje kilau koam
enah."

Andau tinai Sangumang mananselu arep manangguh danau kaleka
maharadja madu mamisi mandjuhan. Ie manjahukan arep intu marak
kare ruwut tokep saran danau te. Maka dumah maharadja dengan
rambat injuang awi isin bawoi akan umpan mamisi. Ie mangkuak idje
katangkal isin bawoi palus mandjakah te akan danau. Hajak te kea
Sangumang balua palus sewu akan danum manggoang pisi te, maneser
mengkak umpan te bara pisi. Limbah te ie mandjidjit pisi te gantjang²
kilau lauk hai manutuk pisi te. Maharadja manjintak pisi te dan berusaha manunda, tapi sajang, sangkawit intu ruwut kaju, maka lauk djari

Nadat de koning zich had verkleed, nam Sangumang hem dadelijk mee om zijn moeder en Putir Busu te bezoeken, die in het paleis waren.

Daar besprak Indu Sangumang met hem het huwelijk van Sangumang met Putir Busu, dat kort daarna voltrokken zou worden.

Nadat de koning teruggegaan was naar zijn huis bracht hij zijn zes andere dochters en zijn vrouw Langgir naar de woonplaats van Sangumang om te helpen bij de voorbereiding van een heel groot huwelijksfeest. Dat huwelijk werd gedurende zeven dagen en zeven nachten gevierd met volop vrolijkheid. En voor al die mensen verschafte de gouden leguaan voortdurend eten. Toen het feest voorbij was, gingen de mensen weer naar hun eigen woonplaats. De koning ging ook naar huis en hij regeerde voortaan zijn volk goed en zonder domheden.

7. SANGUMANG GAAT VISSEN

Sangumang had niets om bij de rijst te eten. Er was wel een varken, maar het was zonde om het te slachten, want het was nog klein. En er was wel een kip, maar het was zonde haar te slachten, want ze was aan het broeden. Toen ging hij een bezoek brengen aan zijn oom, de koning. Daar vertelde hij: "Buitengewoon, Oom ! Achter ons huis is een meertje, niet ver buiten het dorp. Daar heb ik veel grote vissen gezien. Maar het beste aas om mee te vissen schijnt daar varkensvlees of kippevlees te zijn. Als je kip gebruikt, moet die in zijn geheel aan de angel gehaakt worden. Indien een varken, dan moet je op zijn minst een stuk van de ribben gebruiken om aan de angel naar beneden te laten zakken. Me dunkt, dat we er geen schade van zouden hebben als we daar gingen vissen."

Toen de koning dat hoorde, kreeg hij er veel zin in, omdat hij in gedachten al bezig was *mandjohan* [15] in het zuur te maken. Hij zei dus: "Als dat zo is, ga ik daar morgen vissen. Maar eerst moet ik het aas klaarmaken, zoals jij dat net zei."

De volgende dag ging Sangumang als eerste naar het meer waar de koning van plan was *mandjohan* te vangen. Hij verstopte zich in de planten vlak langs de oever van het meer. Toen kwam de koning, met

---

[15] *mandjohan* - een grote riviervis.

lapas. "Hakajah, hai toto lauk te", koan maharadja sambil mangkepan umpan tinai intu pisi, palus mandjakah akan danau. Te Sangumang maneser manggoang pisi te mengkak umpan manduae mimbit akan sare mandak intu rambat. Limbah te ie mandjidjit pisi te tuntang injangka awi maharadja lauk hai manutuk. Tapi amon maharadja mangkat, maka pisi te sangkawit tinai tuntang lauk djari lapas.

Kalote rai² ie mangkuak umpan intu pisi tinai dan malabuh akan danau, maka hemben te kea pisi te indjidjit awi Sangumang manduan umpae. Metuh katika maharadja djari mandjakah pisi tuntang umpan idje pangkalepah, maka Sangumang mandjidjit pisi te kuat² hakalawan dengan maharadja idje handak mangkat pisi te akan hundjun. Awi kaabas Sangumang maka maharadja tadjidjit kea akan saran palus babaring akan danum. Badjeleng maharadja lumpat dan mandjidjit pisi te tinai, tapi salenga pisi te sangkawit tinai dengan idje kaju kurik tuntang lauk djari lapas. Maharadja buli dengan djaton ati mandino taloh narai² akan imbit. Ie bisa luntus, tuntang isin bawoi idje rambat lepah lingis samasinde akan umpan.

Limbah maharadja djari buli, Sangumang mangumpul kare isin bawoi te, mimbit buli huma. Hete ie mamanggang, menjehei akan balut andau tinai, karana isin bawoi te puna are toto, dia ulih kinan sinde kali bewei.

Metuh maharadja madja maka ie injarungan kuman awi indu Sangumang dengan balut bawoi te. Hengan maharadja mite balut bawoi te, karana Sangumang djaton ati mampatei bawoi katahin katika idje halau. Tagal djete maharadja meles toto dengan akal Sangumang idje djari manipu ie, maka akan mambaleh te ie kea marentjana mampahumung Sangumang kilau Sangumang mawi ie helo te.

Pire² andau limbah te maharadja madja Sangumang mansanan aton idje danau eka mamisi idje bahalap, awi are lauk. Akan umpan mamisi insanan maharadja iete isin bawoi, manuk atawa itik. Mahining auh te Sangumang hamauh: "Buah auh te, mang. Tahi angat itah, idje dia kuman lauk hai kilau kare mandjuhan. Mikeh andau djewu aku tolak akan hete mamisi."

Halemei andau te Sangumang akan tana mamutik are bua butung imbit akan huma. Andau tinai handjewu, Sangumang manduan idje kungan anak bawoi mambutu latak. Bawoi paham manguek sampai hining bara human maharadja, idje ingirae Sangumang mampatei bawoi akan umpan mamisi. Mahining auh kuek bawoi Sangumang, maharadja manatap arep badjeleng akan danau eka Sangumang madu mamisi. Hete ie mendjahukan arep saran danau.

een *rambat* (draagmand) waarin hij het varkensvlees had gestopt dat als aas moest dienen. Hij hing een groot stuk varkensvlees aan de angel en wierp die meteen in het meer. Tegelijk kwam ook Sangumang uit zijn schuilplaats en sprong in het meer om de angel te zoeken; hij dook en haalde het aas van de angel af. Daarna trok hij met kracht aan de haak, zoals grote vissen doen wanneer ze aan de angel bijten. De koning rukte aan de haak en probeerde te trekken, maar helaas, hij bleef haken aan de boomwortels, zodat de vis weer loskwam. "Geweldig, wat een grote vis", zei de koning, terwijl hij opnieuw aas aan de angel bevestigde en die meteen in het meer wierp. Sangumang dook, zocht de angel, maakte het aas los, nam het mee naar de oever en legde het in een *rambat*. Daarna trok hij aan de haak, en de koning dacht dat een grote vis beet. Maar toen de koning wou ophalen, was de angel weer vastgeraakt en de vis al los.

Zo hing hij steeds op dezelfde manier het aas aan de haak en liet die in het meer zakken en tegelijkertijd werd er door Sangumang aan de haak getrokken, terwijl hij het aas eraf haalde. Toen de koning de haak met het laatste aas eraan in het meer geworpen had, trok Sangumang er heel hard aan, in een strijd met de koning die de haak wilde optrekken. Door de kracht van Sangumang werd de koning naar de kant getrokken en ineens viel hij in het water. Snel klom de koning weer op de oever en rukte opnieuw aan de hengel, maar ondertussen was de haak weer vastgeraakt aan een klein boompje en de vis was al los. De koning ging naar huis zonder dat hij iets gevangen had om mee te nemen. Hij was doornat en een *rambat* met varkensvlees was helemaal opgegaan aan aas.

Toen de koning naar huis was gegaan, verzamelde Sangumang al het varkensvlees en nam het mee naar huis. Daar roosterde hij het op hout en op houtskool, als bijgerecht voor de volgende dagen, want het was erg veel en kon niet op één dag worden opgegeten.

Toen de koning op bezoek kwam, werd hem door Indu Sangumang eten aangeboden met als bijgerecht dat varkensvlees. De koning verbaasde zich toen hij zag, dat zij varkensvlees bij de rijst hadden, want Sangumang had de laatste tijd geen varken geslacht. Daarom vermoedde de koning dat Sangumang hem met een list bedrogen had; en om het hem betaald te zetten maakte hij een plannetje om Sangumang net zo voor de gek te houden als hij eerst de koning had gedaan.

Enige dagen later ging de koning op bezoek bij Sangumang en vertelde hem dat hij een meer wist dat goed was om te vissen, omdat er veel vissen in waren. Het aas om te vissen moest varkensvlees zijn

Dia tahi limbah te Sangumang dumah dengan pisi tuntang idje rambat kontep dengan bua butung. Sangumang makawit bua butung intu pisi, palus mamanting pisi te akan danau. "Pau !" auh bua butung te hajak pisi mandjato akan danum. Hemben te kea maharadja sewu akan danum maneser manggoang pisi te, mengkak bua butung bara pisi palus mandjidjit manjangkawit intu kaju. Sangumang mandjidjit pisi te abas[2] tapi maharadja djari malekak pisi te. "Hai toto lauk te, sajang lapas !" koan Sangumang, "sinde tuh tinai aku manenga akan umpae idje sapak bawoi hatue." Limbah te ie mangkawit bua butung tinai, balalu mandjakah te akan danum tinai. Mahining auh bua butung mandjato maharadja mangira, tuh ie sapak bawoi idje ingkawit Sangumang intu pisi. Ie maneser manggoang pisi te dan mengkak bua butung bara pisi palus manunda pisi te akan ruwut kaju. Ie lembut tinai dan mite baja bua butung bewei idje dinoe bara pisi te. "Bua butung, baka bua butung", koan maharadja bakutuk.

Sangumang pura[2] ih idje sapa[2] tagal pisi santar lapas te. Ie djari katawan eweh idje mengkak bua butung bara pisi te. Ie mumpan pisi hapan bua butung te sampai lepah idje rambat tuntang hung idje pang-kalepah ie mantarik umpan te akan danum, maka ie kea sewu mang-goang pisi te suni[2]. Maharadja kilau gawi helo manggoang pisi te amon djete ilabuh, dengan kaharap aton sapak bawoi idje ingkuak Sangu-mang intu pisi te. Kalote metuh ie maneser manggoang pisi te, maka

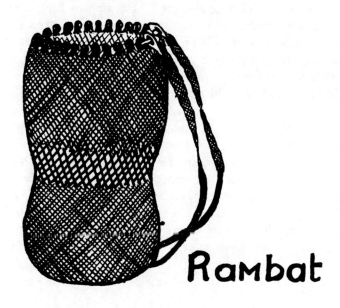

Rambat

of kip of eend, zei de koning. Toen Sangumang dat hoorde, zei hij: "Dat is een goed bericht, Oom. Wij hebben, geloof ik, al lange tijd geen grote vis, zoals *mandjohan*, gegeten. Misschien ga ik daar morgen wel heen om te vissen." 's Middags ging Sangumang naar zijn akker en plukte daar veel *butung*vruchten,[16] die hij mee naar huis nam. De volgende morgen nam Sangumang een jong varken en castreerde dat. Het varken schreeuwde zo hard, dat het te horen was in het huis van de koning, die dacht dat Sangumang een varken slachtte om als aas te gebruiken bij het vissen. Toen hij het geschreeuw van Sangumangs varken gehoord had, ging de koning gauw naar het meer waar Sangumang van plan was te gaan vissen. Daar verstopte hij zich aan de oever van het meer.

Even later kwam Sangumang met een hengel en een mand vol *butung*vruchten. Sangumang haakte een vrucht aan de angel en wierp die meteen in het meer. "Ploem" klonk het, toen de vrucht met de angel in het water viel. Terzelfdertijd ging de koning het water in, dook om de angel te zoeken, haalde de vrucht van de haak af, rukte er aan en haakte hem aan een boomwortel vast. Sangumang trok uit alle macht, maar de koning had de haak al losgelaten. "Wat een grote vis, jammer dat hij los is", zei Sangumang, "ik zal hem nog een keer een ham geven." Daarna haakte hij er weer een *butung*vrucht aan en wierp die meteen weer in het water. Toen de koning het geluid hoorde van de vrucht die in het water viel, dacht hij: "Daar is ie, de ham die door Sangumang aan de haak is geslagen." Hij ging in het water om de angel te zoeken, haalde de vrucht van de haak af en trok meteen de haak naar een boomwortel. Hij ging naar de oever en zag dat hij alleen maar *butung*vruchten van de haak gekregen had. "*Butung*vruchten, alleen maar *butung*", zei de koning mopperend.

Sangumang deed alsof hij schold omdat de haak steeds leeg was. Hij wist wel wie de *butung*vruchten van de haak afhaalde. Hij voorzag de angel van aas met *butung*vruchten tot de hele *rambat* op was. Toen hij het laatste aas naar het water bracht, dook hij ook zelf stilletjes het water in om de haak te zoeken. De koning zocht, zoals hij tevoren gedaan had, de haak die naar beneden gelaten was, in de hoop dat Sangumang een ham aan de haak bevestigd had. Toen hij zo in het water was afgedaald om de haak te zoeken ... daar ontmoette hij deze keer Sangumang, die sluipend de naar beneden gelaten haak opzocht.

"Hee, ben jij daar Oom", zei Sangumang. "Je moet je als koning

---

[16] *butung* - een meloenachtige vrucht, die echter niet lekker is en die men bij voorkeur niet eet, daar dit niet goed voor de gezondheid zou zijn.

sinde tuh ie tabarung dengan Sangumang idje manjelek manggoang
pisi idje ilabuh te.

"Hau, hakai ikaukah mang", koan Sangumang. "Lalehae ikau mam-
pahamen arepm maharadja, mang. Kapalar-palarm dengan bua butung,
sampai akan umpan pisi mahin ikau marak bisa luntus manduae. Kareh
aku manarung ikau akan hete². Bapelek besei, inambing. Bapulek
teken, injambung. Aku dia terai manarung ikau, mang."

"Ela aken, ela manarung aku bakas. Kareh aku manenga ikau panatau halimaung balanga", koan maharadja.

"Dia kanduengku, mang!" tombah Sangumang. "Ajun kue indangku mahin are." "Ela ih aken, pasi aku mamam idje djari bakas.
Kareh aku manenga ikau bawi djahawen", koan maharadja tinai
laku² asi.

"Dia kanduengku, mang. Akan sawangku, lalau kare. Akan djipengku, dia purun aku marentah awi ewen te betauku", koan Sangumang.
"Tapi aku dia akan tende manarung ikau tinai."

Kadjariae maharadja hamauh: "Tuh, aku manenga akam putir busu.
Lehae kea katulasm magon manarung aku tagal taloh idje kalote."

Mahining auh te Sangumang handjak: "Amon kalote auh amangku,
ajo ih aku dia akan manarung mama tagal bua butung te."

Ewen ndue sama² buli akan eka². Sampai huma maharadja manjoho
anak putir busu manatap arep uka tangguh eka Sangumang. Ie mansanan djandji dengan Sangumang akan kare anak djariae. Te tumbah
putir busu: "Aku tarus ih idje mandjadi pambajar utang akan apangku." Mahin kalote ie manatap arep, palus iagah awi Langgir akan eka
Sangumang. Hete ie injambut indu Sangumang tuntang limbah te, dia
pire² katahie ilalus pangawin Sangumang dengan putir busu. Are toto
oloh dumah akan pesta kawin te. Kare lewu telo uras irawei tuntang
pesta imparami dengan karamian idje hai toto. Djete uras mandjadi
awi kesaktian Sangumang idje imparahae limbah panumah putir busu
akan humae. Helo bara tuh Sangumang haradjur manjahokan kare
kesaktian idje tau badjapa badjimat akan oloh are. Tapi awi kahandjak
dengan putir busu ie mamparahan djete akan oloh handiai.

vreselijk schamen, Oom. Je domheid met die waardeloze vruchten, dat
je ze eraf nam terwijl ze als aas aan de haak hingen, hoewel je daardoor kletsnat werd. Straks zal ik het overal over je bekendmaken.
Mocht mijn roeiriem stuk zijn, hij zal weer aan elkaar gemaakt worden.
Mocht mijn vaarboom gebroken zijn, hij zal weer klaar gemaakt worden. Ik zal niet ophouden het over je rond te vertellen."
    "Nee neef, strooi geen verhalen over mij rond, want ik ben al oud.
Ik zal straks je bezit vermeerderen met een heilig vat",[17] zei de koning.
    "Nee, waarvoor, Oom", antwoordde Sangumang, "mijn moeder en
ik hebben er al veel." "Nee toch neef, heb medelijden met je oude
Oom. Straks zal ik je mijn zes dochters geven", zei de koning terwijl
hij weer medelijden vroeg.
    "Nee, waarvoor, Oom ? Als vrouw zijn ze me te veel. Als slavin . . .
ik zou ze niet de baas kunnen, omdat ze mijn nichten zijn", zei Sangumang. "Ik zal inderdaad niet ophouden alles over je rond te vertellen."
    Tenslotte zei de koning: "Vooruit, ik zal je Putir Busu geven. Vrese-
lijk, wat ben je hard, dat je mij over zoiets een slechte naam wilt
bezorgen."
    Toen hij dat hoorde was Sangumang blij: "Als je dat zegt, Oom,
vooruit, dan zal ik niets vertellen over die *butung*vruchten."
    Zij gingen beiden naar huis terug. Toen hij thuiskwam, beval de
koning zijn jongste dochter zich klaar te maken om naar het huis van
Sangumang te gaan. Hij vertelde zijn kinderen, wat hij aan Sangumang
beloofd had. Toen antwoordde Putir Busu: "Ik moet ook altijd maar
voor mijn vaders schulden opdraaien." Toch maakte zij zich klaar en
ze werd meteen door Langgir naar het huis van Sangumang gebracht.
Daar werd zij ontvangen door Indu Sangumang en niet zo heel veel
later trouwde Sangumang met Putir Busu. Er kwamen heel veel mensen
op het huwelijksfeest. Alle mensen van de drie dorpen werden uitgenodigd en het feest werd gevierd met heel veel feestelijkheden. Dat
kon allemaal door Sangumangs bovennatuurlijke krachten, die hij pas
toonde na de komst van Putir Busu in zijn huis. Tevoren had Sangumang zijn toverkunsten altijd voor de mensen verborgen. Maar nu
toonde hij ze aan iedereen, omdat hij zo blij was met Putir Busu.

---

[17] *halimaung balanga* - 14e eeuwse Chinese aardewerken vaten, als heilig
beschouwd.

8. SANGUMANG MAMUAR BADJANJI

Sangumang madja mama maharadja sinde andau. Pander[2] ewen ndue manahiu talo ngadju ngawa, te koan Sangumang: "Lehae mang, intu kabon ikei aton badjanji tingkep. Hai toto tapis tuntang batantu are toto madu. Handak ikau mamuar mang ? Amon ikau handak mamuar te imbit tantahan hamputut pandjang[2] awi tapis badjanji te gantung lawin edan tuntang ela bahanji mamuar amon andau lagi balawa, karana badjanji te pamepet." Tumbah maharadja: "Buah auh kau aken; tahi angat dia ati kuman madu tuntang tapis badjanji. Hamalem kareh ikei hanak akan hete mamuar." Maharadja buli huma, palus manatap hamputut, kare gajung akan mamuar badjanji koan Sangumang te. Sangumang kea manatap kare kampil bune tuntang uei akan djarat tujang, tuntang gajung kurik sarangan danom. Amon andau lius sasandja maka Sangumang manampa tujang intu lawin edan hung kaleka idje gantung, palus mangkuak arep intu tujang kampil te tuntang mimbit gajung kurik te dengan danum huange.

Maharadja dumah dengan anak bawi djahawen manintu kaleka tapis badjanji koan Sangumang endau. Limbah kilik-kilika akan taruk kaju te gitae tujang kampil eka Sangumang mangkuak arep hete. "Hakajah, anak ! Kahai tapis badjanji. Tapi sajang lalau gantung tuntang lawin edan", koan maharadja sambil manindjuk tapis badjanji te akan anak ewen djahawen. Aloh djete paham gantung mahin ie mandai batang kaju te. Pai hagendjeh amon ie djari umbet kagantung mandai, karana puna ie djari bakas dia ulih tinai abas mandai kaju gantung kilau pesae tabela.

Sampai edan idje pangkasolake ie tende hete, dan manjoho anak mandjuluk hamputut dengan idje dereh humbang idje pandjang akae. Hete ie manutung hamputut palus mandak te intu tantahae. Limbah te ie mandjudju hamputut te manintu tujang Sangumang; tapi helo bara hamputut te sampai, Sangumang manata te hapan danum dan apui palus belep. Mite danum mahasur bara tapis te, maka injangka maha-

8. SANGUMANG ZOEKT HONING

Op een dag bezocht Sangumang zijn oom, de koning. Zij beiden
bespraken de nieuwtjes van stroomopwaarts en stroomafwaarts en toen
zei Sangumang: "Buitengewoon, Oom, bij ons in de tuin hangen bijen
aan een tak. Het nest is heel groot en er zit vast veel honing in. Wil
je ze uitroken, Oom ? Als je het wilt doen, neem dan een fakkel [18]
met een lange steel mee, want dat nest zit hoog, aan het einde van
een tak. En ga ze niet uitroken als het nog licht is, want die bijen
steken." De koning antwoordde: "Dat is een goed plan van je, neef;
ik geloof dat wij al lang geen honing of raat gegeten hebben. Vanavond
zal ik daar met mijn dochters honing gaan zoeken." Toen de koning
thuiskwam maakte hij meteen een fakkel gereed en kokosdoppen om
daarin de honing op te vangen, zoals Sangumang had gezegd. Ook
Sangumang legde van alles klaar, jute zakken, rotan om een hangmat
vast te maken en kokosdoppen, zoals men ze gebruikt om water te
scheppen. Toen de schemering inviel, maakte Sangumang een hangmat
aan het einde van een tak, hoog in een boom en meteen ging hij zelf
in die hangmat van zakken zitten, met de kokosdoppen gevuld met
water.

De koning ging met zijn oudste zes dochters naar de plaats waar het
bijennest was waarover Sangumang zopas had gesproken. Na nauwkeurig gekeken te hebben naar de kruinen van de bomen, zag hij daar
de hangmat van zakken, waar Sangumang in was gaan zitten. "Kijk
meisjes, hoe groot dat nest is. Maar wat jammer, dat het zo hoog en
aan het einde van een tak zit", zei de koning, terwijl hij zijn zes
dochters het bijennest aanwees. Alhoewel het erg hoog was, klom hij
toch in de boom. Zijn benen trilden, toen hij al vrij hoog geklommen
was, want hij was natuurlijk al oud en kon niet meer zo flink in
bomen klimmen als toen hij nog jong was.

Op de eerste zijtak aangekomen, stopte hij en beval hij zijn dochters
hem de fakkel aan te reiken met een lang stuk hout. Daar stak hij de
fakkel aan en plaatste hem op de steel. Daarna bracht hij de fakkel
in de richting van Sangumangs hangmat. Maar voordat de fakkel daar
aankwam, doofde Sangumang die met water; en het vuur ging meteen
uit. Toen de koning het water uit het nest zag stromen, dacht hij dat

---

[18] *hamputut* - fijngeklopte boombast, die wordt samengebonden tot een lus van
armlengte en dan wordt aangestoken; wordt gebruikt voor het bestrijden van
muskieten en kan een hele avond branden.

radja madun badjanji te mahasur. "Tampunan anak hapan gajung",
koan maharadja. Kadjengkisu ewen bawi djahawen manampunan te,
maka hajak danum te kea Sangumang mahit akan penda. Kalote ewen
bawi djahawen idje humung te manantalai danum hajak dengan kahit
Sangumang, tuntang djete ingira ewen madun badjanji.

Maharadja manepe hamputut te marak lenge idje gendjeh² kea awi
ujuh, manintu tujang Sangumang. Baja² ih ulih sampai tujang te, maka
Sangumang malabuh lawang tapis badjanji idje imbit bara huma akan
penda tuntang hajak te kea ie mamani. "Te ie kau tapis baduruh,
tampunan djete ela manalua, anak", koan maharadja bara hundjun
edan. Bawi djahawen manampunan te dengan karadjie tuntang dia
kasene kabeken tapis badjanji dengan tai. Limbah pire² kali maharadja
mangudjuk tujang Sangumang te, tuntang djaton tau mandjatu, maka
ie heka toto, palus terai tinai dan mohon kanpenda. "Djadi ih anak,
itah buli akan huma mimbit madu tuntang tapis idje baduruh te",
koan maharadja.

Dengan kahandjak ewen hanak buli huma mimbit pangulih te. Sampai huma balua putir busu manambang ewen. "Kueh taloh dinon
keton ?" koan putir busu. Te ewen mansanan taloh imbit ewen akae.
"Hau, narai taloh imbit keton tuh ? Diakah keton mangkeme ewau
ranteng tuntang ewau tai ? Keton tuh impahumung awi Sangumang.
Batantu ie idje mangkuak arep hung lawin edan kaju te. Terai, antjap
manganae akan petak taloh idje imbit keton hikau !" koan putir
busu tinai.

Harun ewen bawi djahawen tarewen tuntang kasene kahumung ewen
palus mandjakah rambat dengan kare taloh huang akan batang danum.
Maharadja sangit toto tagal te tuntang bamiat mambaleh amon aton
djalan.

Andau tinai ie madja Sangumang, pander² kilau bahut. "Djari ikau
mamuar badjanji te mang ?" Sangumang misek. Tumbah maharadja:
"Djadi aku tangguh, tapi lalu gantung dia ulihku mandai. Tapi aton
idje randah hung kabon ajungku. Angatku ikau nahuang mamuar
hamalem kareh, karana dia bahali gawie", koan maharadja. "Tau,
mang !" koan Sangumang.

Maharadja buli huma manatap arep, akan mangkuak arep hung
batang kaju idje insanae akan Sangumang aton tapis badjanji tingkep.
Hete ie manampa idje tujang kampil bune mangkuak arep hete kilau
gawin Sangumang helu. Tapi ie dia ulih mandai gantung baja ulih

het de honing was, die er uitstroomde. "Verzamel het, meisjes, in de
kokosdoppen", riep de koning. Haastig verzamelden de meisjes het,
terwijl Sangumang, tegelijk met het water, ook naar beneden plaste.
Zo vingen die domme meisjes water op mèt urine van Sangumang, en
zij dachten dat het honing van de bijen was.

De koning stootte de fakkel in de richting van Sangumangs hangmat,
terwijl zijn arm ook al trilde van moeheid. Hij kon maar net die hangmat aanraken. Toen gooide Sangumang een leeg bijennest, dat hij van
huis had meegenomen, naar beneden en tegelijk poepte hij. "Daar valt
de raat naar beneden, vang die op, laat die ons niet ontgaan, meisjes",
riep de koning vanaf zijn tak. De zes meisjes vingen alles ijverig op
en zij onderscheidden niet het verschil tussen honingraat en poep.
Nadat de koning herhaaldelijk de hangmat van Sangumang had aan-
gestoten zonder dat hij hem eraf kon laten vallen, hield hij op omdat
hij erg moe was, en hij kwam naar beneden. "Genoeg, kinderen, laten
we naar huis gaan en de honing en de raat die gevallen is meenemen."

Opgewekt gingen ze samen naar huis met hun vangst. Toen ze
thuiskwamen, kwam Putir Busu hun tegemoet. "Wat hebben jullie
gekregen?" vroeg ze. Toen vertelden ze haar, wat ze meebrachten.
"Hè, wat voor iets brengen jullie mee? Ruiken jullie niet dat het
stinkt naar pies en poep? Jullie zijn voor de gek gehouden door
Sangumang. Stellig was hij het, die zich aan het einde van die tak
vastgemaakt had. Houd op, gooi gauw die rommel weg, die jullie meegebracht hebben!" zei Putir Busu weer.

Nu pas schrokken de zes meisjes en ze begrepen hun domheid en
meteen wierpen ze de mand met z'n hele inhoud de rivier in. De
koning was hierover erg boos en hij zwoer dat hij het Sangumang
betaald zou zetten, als hij kon.

De volgende dag bezocht hij Sangumang en ze praatten als gewoonlijk. "Heb je dat bijennest al uitgerookt, Oom?" vroeg Sangumang.
De koning antwoordde: "Ik ben er heen geweest maar ik kon er niet
bij komen, het zat te hoog om er bij te klimmen. Maar in mijn tuin
is er een dat laag zit. Ik dacht dat jij het vanavond wel zou willen
uitroken, want het is niet moeilijk te doen", zei de koning. "Dat zou
wel kunnen, Oom", zei Sangumang.

De koning ging naar huis om zich gereed te maken en zich vast
te maken aan de boom waarvan hij tegen Sangumang gezegd had dat
er een bijennest inzat. Daar maakte hij een hangmat van zakken,
waarin hij ging zitten net zoals Sangumang dat tevoren gedaan had.
Maar hij kon niet hoog klimmen, hij kon alleen maar op de laagste

sampai edan idje pangkarandah bewei. Amon andau djari kaput Sangumang dumah dengan hamputut akan mamuar badjanji te. Hamputut
te iminjak dengan undus, uka njala tau hai gandang². "Lalehae kahai
tapis badjanji tuh, batantu are toto madu tuntang are toto anak!"
koan Sangumang pura² dia katawan.

Ie manutung hamputut te dan mentai njala hai toto, maka limbah
te ie mandjudju hamputut te dengan tantahan dereh, manintu tujang
maharadja te. Amon djete tokep sampai tujang maharadja, maka maharadja mikeh bakehu karana kudjuk Sangumang te banjala gandang²
penda tujang maharadja. "Ela aken mangehu aku, ela aken!" koan
maharadja mangahau hai auh. "Hau, kai ikau te mang idje mangkuak
arepm hikau mandjadi tapis badjanji. Lalehae kea ikau mampahawen
arepm kalote mang! Kareh aku mansanae akan oloh are tuntang manarung hal tuh akan ngadju ngawa. Dia aku terai manarung te", koan
Sangumang.

Maharadja balaku njame² ela manarung ie, tapi Sangumang badjudju
ih, aloh maharadja handak manenga akae panatau, tuntang tinai bawi
djahawen. Kadjariae maharadja manawar akan Sangumang putir busu,
make djete idje ientai awi Sangumang palus badjanji dia akan manarung maharadja akan oloh are.

Maharadja buli huma palus manjoho anak putir busu iagah awi indu
Langgir akan eka Sangumang kilau utang maharadja dengan Sangumang. Bara katika djete Putir Busu induan awi Sangumang mandjadi
kabalie tuntang belum sanang, awi Sangumang uras tau mawi taloh
handiai idje akan oloh are bahali inguan.

9. SANGUMANG HABAN

Pambelum Sangumang ewen ndue hindu sukup ih djaton tapas taloh
en². Tapi sinde andau Sangumang haban. Paham kahaban te sampai
indu manampara gugup awi pire² andau Sangumang djaton ati belai
kuman. Impatei manuk manampa panginan mangat² mahin djaton ati
mubah belai Sangumang kuman. Impatei bawoi mahin dia ie kumae
kea. Te indue misek Sangumang: "Kilen angatm anak? Narai idje
kahandak belaim kumae?" Tumbah Sangumang: "Dia men ih, tapi
aku tuh tau keleh, amon aku impakanan dengan pundang lauk laut."

Tapi pundang idje tumun te djaton ati oloh badjual, awi eka Sangu-

zijtak komen. Toen het donker geworden was, kwam Sangumang met een fakkel om de bijen uit te roken. Die fakkel had hij in de olie gedrenkt, zodat de vlam heel hoog kon worden. "Buitengewoon, wat groot is dat bijennest, er zal vast veel honing inzitten en er zullen veel larven zijn", zei Sangumang, die zich van de domme hield.

Hij stak zijn fakkel aan en wachtte tot de vlam heel groot was; daarna maakte hij een steel aan de fakkel en richtte op de hangmat van de koning. Toen de fakkel dichtbij de hangmat kwam, werd de koning bang dat hij zou verbranden, want de stok van Sangumang brandde hoogop onder de hangmat van de koning. "Verbrand mij niet, neef, verbrand mij niet!" riep de koning luid. "Hé, Oom, zit jij daar als bijennest ? Verschrikkelijk, om je zo te schande te maken, Oom. Straks zal ik het aan iedereen zeggen, ik zal dit geval rondvertellen stroomopwaarts en stroomafwaarts. Ik ben er niet van te weerhouden het rond te vertellen", zei Sangumang.

De koning smeekte hem het niet rond te vertellen, maar Sangumang hield voet bij stuk, al wilde de koning hem ook een schat geven en vervolgens de zes meisjes. Toen de koning Putir Busu aan Sangumang aanbood, was dat hetgeen waarop deze had gewacht en hij beloofde meteen dat hij de koning niet bij de mensen te schande zou maken.

Toen de koning thuiskwam, beval hij onmiddellijk dat Putir Busu door haar moeder Langgir naar het huis van Sangumang gebracht moest worden om de schuld van de koning aan Sangumang af te lossen. Vanaf die tijd nam Sangumang Putir Busu als vrouw; en ze leefden gelukkig, want Sangumang kon alles maken, alle dingen die voor andere mensen moeilijk te krijgen zijn.

9. SANGUMANG IS ZIEK

Sangumang en zijn moeder leefden welvarend genoeg, zij kwamen niets tekort. Maar op een dag werd Sangumang ziek. Hij was erg ziek, zodat zijn moeder bezorgd werd, omdat hij al ik weet niet hoeveel dagen geen eetlust had. Zij slachtte een kip en maakte die heel lekker klaar, maar nog verbeterde de eetlust van Sangumang niet. Zij slachtte een varken, maar ook daarvan at hij niet. Toen vroeg zijn moeder Sangumang: "Hoe voel je je, kind? Wat zou je willen eten?" Sangumang antwoordde: "Het gaat wel, Moeder. Maar ik kan pas beter worden als ik gezouten gedroogde zeevis te eten krijg."

Zulke gedroogde vis was daar echter niet te koop, want Sangumangs

mang intu hulu batang danum tuntang djarang toto oloh murik bara
tumbang sampai hete. Awi te ie manjarenan ih tuntang kahaban te
sasar paham, djaton ati tatamba idje tau pakeleh.

Te sinde andau dumah Asang Samaratih dengan kare oloh ajue
murik bara tumbang sampai eka Sangumang. Gawin Asang Samaratih
puna haramu dengan kare oloh hulu batang danum te. Ie puna tantai
manggau oloh idje buah kadjake mamikir oloh te manduan ramue. Ie
mahining hung lewun Sangumang te idje Sangumang haban tuntang
manggau tatambae ie te pundang lauk laut. Ajun Asang Samaratih
puna aton pundang lauk laut. Te ie manggoang batang Sangumang
dengan djukung te, palus tende hete. Mite aton oloh dagang bara
ngawa, indu Sangumang mohon akan batang misek mikeh aton
pundang lauk laut.

"Aton ih", koan Asang Samaratih, "tapi dia tau indjual dengan duit
baja tuh amon keton handak, te aku balaku pundang lauk laut te
inakiri dengan idje garantung manah iete garantung pusaka idje tau
hapa badjapa badjimat."

Puna Sangumang aton mingkes garantung te, tapi takiri te lalau
babehat. Indu Sangumang buli buang bewei dengan kasinggul atei. Te
koan Sangumang: "Terai umai, ela ikau ngapehe ateim, akangku tuh
sukup ih baja ewau bewei tau mampakeleh aku. Awi te amon ewen
kareh barapi, keleh umai mampeter aku tokep dapur ewen te, sakira
aku tau manjingut ewau pundang lauk laut te. Karana batantu ewen
kea mampakasak balut lauk laut te."

Te indue mimbit Sangumang mampeter ie intu batang darah djukung
dagang Asang Samaratih te. Amon katika oloh ajun Asang Samaratih
barapi mandjuhu tuntang pakasak kea pundang lauk laut te, maka
ewau hiut[2] tame urung Sangumang, balalu Sangumang keleh hemben
te. Ie mendeng harikas bara hete dengan karigas tuntang indue handjak
toto. Tapi Asang Samaratih harikas kea mantehau ewen ndue managih
regan ewau pundang lauk laut te.

Sangumang malawan dia maku mambajar djete, karana hal te dia
toto budjur. Kadjariae imbit akan kare bakas lewu uka mamutus eweh

woonplaats was in het binnenland en maar zelden kwamen mensen van de monding van de rivier zover stroomopwaarts. Daarom moest hij maar lijden en zijn ziekte werd steeds erger; er was geen geneesmiddel dat hem beter kon maken.

Toen op een dag kwam Asang Samaratih met al zijn mensen stroomopwaarts vanaf de monding van de rivier naar de woonplaats van Sangumang. Natuurlijk kwam Asang Samaratih daar om handel te drijven met de mensen van het binnenland. En hij zocht speciaal mensen op die in nood verkeerden, bedroog ze dan en nam hun bezit van hen af. In Sangumangs dorp hoorde hij dat Sangumang ziek was en dat hij als geneesmiddel gedroogde zoute zeevis zocht. Asang Samaratih had natuurlijk gedroogde zoute zeevis bij zich. Daarom zocht hij met zijn boot de aanlegsteiger van Sangumang op en bleef daar liggen. Toen Indu Sangumang zag dat er kooplui van stroomafwaarts lagen, ging zij naar de steiger en vroeg of ze misschien gedroogde zoute zeevis hadden.

"Ik heb die wel", zei Asang Samaratih, "maar die is niet voor geld te koop. Alleen, als jullie het willen, zou ik ze wel willen ruilen tegen een gong van de voorouders die als borg gebruikt kan worden, zo één waarmee je kan toveren."

Zeker bewaarde Sangumang zo'n gong, maar het was wel veel gevraagd die te ruilen. Indu Sangumang ging zonder iets terug, maar met een benauwd hart. Toen zei Sangumang: "Houd op, Moeder, wees niet verdrietig, voor mij is de lucht alleen al genoeg om mij beter te maken. Leg mij daarom dicht bij hun vuurpot [19] als zij straks gaan koken, zodat ik de lucht van de gedroogde zoute zeevis kan ruiken. Want zij zullen vast ook gedroogde zoute zeevis bakken." Toen bracht zijn moeder Sangumang naar de steiger en liet hem naast de boot met koopwaren van Asang Samaratih liggen. Toen de mensen van Asang Samaratih rijst en groenten gingen koken en ook gedroogde zoute zeevis bakten, kwam de lekkere geur daarvan Sangumangs neusgaten binnen en meteen was hij beter. Hij stond op en ging vandaar gezond weg en zijn moeder was erg blij. Maar Asang Samaratih ging hen achterna, riep hen en vorderde de prijs van de geur van de gebakken gedroogde zoute zeevis.

Sangumang betwistte dit en wilde niet betalen, omdat dit helemaal geen eerlijke zaak was. Toen nam hij hem mee naar de dorpsoudsten

---

[19] *dapur* = keuken; dit woord wordt echter in Kalimantan vooral gebruikt voor de aardewerken vuurpot met drie punten waarop de pan staat; in de vuurpot wordt gewoonlijk hout gestookt.

idje budjur, tapi mahin djaton idje biti oloh idje tau mamutus taloh
idje kalote.

Tahi kea ewen te perkara djaton bara kaputusan. Kadjariae dumah
palanduk akan lewun Sangumang. Palanduk intehau akan sidang, uka
umba manenga patundjuk kilen ampie mamutus perkaran Sangumang
dengan Asang Samaratih te. Tahi palanduk bapikir manggau tjara
mampaakur perkaran ewen ndue te. Te koan palanduk: "Tuh keleh
mampalua garantung manah ajun Sangumang te. Imbit akan hetuh.
Asang Samaratih buli helo akan djukung tuntang Sangumang buli
huma."

Limbah ewen ndue idje perkara te sama² buli akan eka², maka
palanduk manjoho oloh mamantu garantung manah te. Umbet katahie
mamantu garantung palanduk misek Asang Samaratih: "En hiningmkah
bara djukung auh garantung enah ?" Tumbah Asang Samaratih: "Puna
terus toto auh bara hetuh."

Te koan palanduk tinai: "Tuh kare keton bakas² djari mahining
auh kangakun Asang Samaratih. Maka tuh aku handak manenga kaputusan idje bahalap. Auh garantung enah djari inarima Asang Samaratih, maka garantung patut buli Sangumang."

Mahining auh te Asang Samaratih handak mungkir kaputusan dje
tumun te. Tapi koan palanduk tinai dengae: "Sangumang djari manarima ewau pundang lauk laut ajum, tuntang dia djari kuman pundang
te. Ikau bewei idje kumae mameda belaim. Awi te, kilau ikau djari
malalus tumun te, maka kalote kea dengan garantung manah ajun
Sangumang te. Hak ajum, baja mahining auhe sinde kali bewei, kilau
Sangumang djari keme ewau pundang ajum te."

Tagal auh djete Asang Samaratih dia ulih hakotak tinai aloh angat
atei magon dia nahuang manarima kaputusan idje kalote akae.

Kalote Sangumang manang hung perkara djete, tuntang Asang Samaratih djaton ati dinon narai², malah lepah kare dagang akan mambajar
ongkos perkara te akan ewen bakas² lewu eka Sangumang.

om op te lossen wie er gelijk had, maar niemand van hen kon zoiets oplossen.

Lange tijd kon die zaak tussen hen niet worden opgelost. Omstreeks die tijd kwam het dwerghert in het dorp van Sangumang. Het dwerghert werd naar de rechtszitting geroepen om raad te geven, hoe toch die zaak tussen Sangumang en Asang Samaratih ten einde gebracht kon worden. Lang dacht het dwerghert na, hoe een vergelijk tussen die twee te treffen. Toen zei het dwerghert: "Breng de vooroudergong van Sangumang naar buiten. Breng hem hier. Asang Samaratih, ga eerst terug naar je boot, en Sangumang ga in je huis."

Nadat die twee die een rechtszaak met elkaar hadden ieder naar hun verblijfplaats waren gegaan, beval het dwerghert de mannen om op de gong te slaan. Toen er geruime tijd op de gong geslagen was, vroeg het dwerghert aan Asang Samaratih: "Heb je zopas het geluid van de gong vanuit je boot kunnen horen?" Asang Samaratih antwoordde: "Het was zeker goed te horen van hieruit."

Toen zei het dwerghert: "Jullie alle dorpsoudsten hebben de bekentenis uit de mond van Asang Samaratih gehoord. Op grond daarvan wil ik een goede oplossing geven. Nu Asang Samaratih het geluid van de gong al heeft ontvangen, behoort de gong weer terug te gaan naar Sangumang."

Toen Asang Samaratih dat hoorde, wilde hij protesteren tegen die oplossing en de zaak opnieuw voorbrengen. Maar het dwerghert zei tegen hem: "Sangumang heeft de geur van jouw gedroogde zoute zeevis ontvangen en heeft de vis niet gegeten. Jij alleen hebt je honger verzadigd door ze op te eten. Daarom, zoals jij dat gedaan hebt, zo is het ook met de gong van Sangumang gedaan. Je recht is het geluid maar eenmaal te horen, zoals ook Sangumang de lucht van jouw vis eenmaal geroken heeft."

Wegens die woorden kon Asang Samaratih niets meer zeggen, hoewel hij in zijn hart een dergelijke oplossing nog niet wou aanvaarden.

Zo won Sangumang die rechtszaak en Asang Samaratih kreeg niets, hij verloor zelfs zijn koopwaar, want hij moest de kosten van die rechtszaak aan de oudsten van Sangumangs dorp betalen.

10. SANGUMANG DENGAN PAHARI IDJE TATO KORAN

Sangumang ewen ndue hindu melai tana, karana metuh te oloh are
kandjeran malan. Tanan ewen hadarah dengan tanan paharin Sangumang idje tato Koran arae. Tapi Sangumang dia maku bagawi intu
tana, baja indue bewei idje bagawi. Gawin Sangumang baja manandak
bewei genep andau intu pasah. Indu mahin dia kea mamaksa ie awi
Sangumang magon tabela dan lalau ngena umba malan.

Koran pahari idje tato mahin melai huma kea, awi pai babuhit buei,
balasak tuntang idje mambatang humung² dan kadian. Djandau²
djaton ati taloh idje iawi, batiruh menter bewei. Te tarahining auh
tandak Sangumang, kalote kahalap auh tandak Sangumang sampai
Koran handjak. Ie mantehau Sangumang akan pasah, uka manandak
akae. Sangumang dumah akan eka Koran palus manandak akan Koran:

"Koran tatau, Koran menteng, mangkalewu bukit ginteng,
Tuang tiup dinding pendu, tupang tapei pakang garu.
Nampajah kangambu gitan Hatalla,
Nampajah kanpenda gitan kalue." *

Auh te rai² auh tandak Sangumang akan Koran. "Kueii!" Auh
tukie Koran awi kahandjak. Limbah te ie manduan lundju mohon akan
penda bara pasah, balalu metus imunu bawoi sahut indue hung karambang. Bawoi te impakasak kinan ewen ndue lepah lingis, awi puna
bawoi te anak harue hai bewei.

Halemei andau indu Koran buli bara tana, palus mangaut bara

---

* *Kalue* ie te meto hong penda petak idje sakti.

10. SANGUMANG EN ZIJN NEEF KORAN

Sangumang en zijn moeder verbleven eens op hun bouwland, omdat het de tijd was om te oogsten. Hun land lag naast het land van Sangumangs neef, die Koran heette. Maar Sangumang wou niet op het land werken, alleen zijn moeder werkte maar. Iedere dag hield Sangumang zich alleen maar bezig met zingen in de veldhut.[20] Zijn moeder dwong hem nog niet om te werken, omdat Sangumang nog jong was. Hij ging echter wel graag mee naar het land.

Koran, zijn neef, bleef ook nog in de hut, omdat zijn benen vol zweren en kloven waren en ook zijn handpalmen en voetzolen zweren hadden,[21] maar vooral omdat hij heel dom en lui was. De hele dag deed hij niets dan slapen en liggen. Toen hoorde hij Sangumang zingen; en het zingen van Sangumang klonk zo mooi dat Koran er vrolijk van werd. Hij riep Sangumang naar zijn hut om voor hem te zingen. Sangumang kwam naar Korans hut en begon meteen voor hem te zingen:

"Koran, de rijke, Koran, de dappere, woont op een smalle heuvel,
De wand van je huis, van *pendu*hout [22] gebouwd,
Wordt door de wind opgeheven,
De leuning [van je voorgalerij], waar hars uit komt,
Wordt weggewaaid door de wind.
Als je naar boven kijkt, zie je God,
Als je omlaag kijkt, zie je de beesten [23] van de onderwereld."

Dit zong Sangumang steeds weer voor Koran. "Ai, ai", juichte Koran, omdat hij blij was. Daarna nam hij een lans, ging naar buiten en stak terstond het offervarken van zijn moeder in het hok dood. Het varken werd gekookt en ze aten het samen helemaal op, want het was een biggetje dat pas begon te groeien.

's Middags kwam Indu Koran terug van het bouwland, ze schepte meteen wat uit de pan met rijst voor de varkens, omdat ze haar offer-

---

[20] *pasah* = klein huisje op het bouwland.
[21] De hier beschreven verschijnselen geven aan dat Koran aan *framboesia* leed, een ziekte die vóór het penicilline tijdperk veel in Kalimantan voorkwam.
[22] Het hout van de *pendu*boom is zeer zacht en licht.
[23] *kalue* = volgens Hardeland op mensen gelijkende wezens uit de onderwereld, die slechts één borst hebben, midden op het lichaam. Saha zegt echter dat het heilige beesten uit de onderwereld zijn.

rindjing barin bawoi handak pakanan bawoi sahut te. Sana sampai
karambang gitae bawoi djaton ati baja aton daha bewei idje gitan
kasaburan.

Indue misek Koran: "Kueh bawoi itah intu karambang ? Diakah
djete djari impateim ?" Tumbah Koran: "Joh, umai. Djari pateiku
akan kue Sangumang, awi kahandjak ateiku mahining auh tandak
Sangumang idje manara pambelumku."

Koan Indue tinai: "Kilen auh tandak te ?" Koran manjarita auh
tandak Sangumang te dengan kare auh bawak kotak. Te koan indue
tinai: "Tawam riman auh tandak Sangumang te ? Auh te manjindir
pambelum itah. Mangkalewu bukit ginteng djete rimae ikau tuh melai
belum hung kahapit kaseke. Tuang tiup dinding pendu rimae dinding
human itah tuh idje dia segah bingkas bingkasa dia batek. Tupang
tapei pakang garu iete ikau idje balasak babuhit dia sanunuh tandjung
dingkang dingkanga dia tau budjur kilau tandjung oloh are. Nampajah
kangambu gitan Hatalla rimae sapau human itah tuh idje telak telaka
gitan langit. Nampajah kanpenda gitan kalue rimae laseh human itah
tuh, idje laseh, dereh bewei dia sampuraka gitan petak."

Mahining auh te Koran paham sangit toto palus manduan pisau
madu mampatei Sangumang. Ie hadari manggoang kan pasah Sangumang. Bara kedjau² ie djari mantehau Sangumang: "Lalehae kakurang
adjarm Sangumang, has balua ikau aku handak mampatei ikau !"
Mahining auh te Sangumang balua pasah dan hamauh: "Hau ule,
sabar helo. Narai gunae ikau mampatei aku ? Aku mahin akan matei
kea tuntang male indu halemei male buli bara tana mihir puntung awi
kahekae ?"

Auh te sukup manjabar Koran palus buli huma tinai. Te isek indue
ie: "Djari matei Sangumang enah ?" Koran manjarita kare auh Sangumang dengae.

Te koan indue tinai: "Hau, impahumung Sangumang tinai ikau tuh.
Riman auh te puna manjindir pambelum itah tuh. Oloh idje mihir
puntung buli akan huma iete aku tuh male."

Mahining auh te Koran sasar sangit tinai palus gasai² balua huma
manggoang eka Sangumang. "Sinde tuh ie, Sangumang te aku akan
mampatei ie." Hindai djari tokep pasah Sangumang ie djari mantehau:
"Has Sangumang balua ikau aku akan mampatei ikau."

varken wilde voederen. Toen ze bij het hok kwam zag ze dat het varken er niet was, alleen waren er overal bloedsporen te zien.

Korans moeder vroeg hem: "Waar is ons varken, dat in het hok zat ? Je hebt het toch niet gedood ?" En Koran antwoordde: "Ja Moeder, ik heb het geslacht voor Sangumang en mij, omdat ik zo blij was het vers te horen waarmee Sangumang de lof van mijn leven zong."

Toen zei moeder weer: "En wat waren dan de woorden van dat vers ?" Koran vertelde, hoe het vers van Sangumang luidde, woord voor woord. Toen zei zijn moeder weer: "Weet je wel, wat dat vers van Sangumang betekent ? Die woorden drijven de spot met ons leven. Wonen op een smalle heuvel, betekent dat je maar een armzalig leven lijdt. De wanden van ons huis, van *pendu*hout gebouwd, dat betekent dat ons huis niet stevig is, vol gaten. En die leuning waar hars uitkomt, dat ben jij met je zweren en puisten, die niet behoorlijk kan lopen, maar hinkt en niet rechtop kan gaan zoals andere mensen. Als je naar boven kijkt zie je God, betekent dat het dak van ons huis zoveel gaten heeft dat je de hemel kan zien. Als je omlaag kijkt zie je de beesten van de onderwereld, betekent dat de vloer van ons huis alleen maar uit bamboestokken bestaat en geen echte vloer is, zodat je de aarde erdoor kan zien."

Toen Koran dat hoorde werd hij erg boos en hij nam terstond zijn mes met de bedoeling Sangumang te doden. Van ver begon hij Sangumang al toe te roepen: "Wat een onbeschoftheid, Sangumang, vooruit, kom naar buiten dan zal ik je doden." Toen Sangumang dat hoorde kwam hij naar buiten uit zijn hut en riep: "Hee vriend, even geduld. Wat heeft het voor nut mij te doden ? Ik ga toch wel dood en moeder kwam gistermiddag terug van het land, zich van moeheid voortslepend."

Deze woorden kalmeerden Koran voldoende en hij ging meteen weer naar huis terug. Daar vroeg zijn moeder hem: "En is Sangumang al dood ?" Koran vertelde wat Sangumang hem had gezegd.

Daarop zei zijn moeder weer: "Och, heb je je opnieuw door Sangumang voor de gek laten houden ? Met die woorden wilde hij weer ons leven bespotten. De persoon die zich gisteren naar huis sleepte was ik."

Toen Koran dat hoorde werd hij nog bozer; met nieuwe moed kwam hij zijn hut uit om naar Sangumangs huis te gaan. "Deze keer zal ik die Sangumang toch doden !" Hij was nog niet dichtbij de hut van Sangumang of hij riep al: "Vooruit Sangumang, kom naar buiten dan zal ik je doden."

Sangumang balua pasah dan hamauh: "Rendeng² ih ule, kilen ikau handak mampatei aku tuntang narai guna ikau mampatei oloh idje tjagar matei. Dia ikau katawan kanaingku mahin djari maram?" Amon Koran tokep Sangumang, te Sangumang mangetut maka djete kamean ewau awi Koran. Koran mangira Sangumang djari maram kanai tuntang dia tahi akan matei, tagal te ie dia djadi manedjep Sangumang. "Narai guna aku manedjep oloh idje djari maram kanai", koan Koran buli mules arep mahakan ewau ketut Sangumang.

Sampai huma indue misek ie tinai, en djadi ie mampatei Sangumang. Maka ie mansanan, dia usah karana Sangumang djari maram kanai, kamean ewau rutut² mahambur. Te indu mansanan idje ie te impa-humung awi Sangumang dengan ketut bewei, tuntang Koran kea tau mangetut papa ewau.

Te Koran hadari tinai madu manangguh eka Sangumang. Awi ka-sangit ie dia mite baun dengan barendeng tinai, te ie tatjepak kare tunggul, sampai badaha kare buhit buei tuntang tende manjerenan djete bewei. Lambak te harun ie barendeng nihau kare kahumung tuntang dia tinai madu mawi Sangumang.

Sangumang kwam uit zijn hut en riep: "Let op, vriend. Wil je mij doden ? — en wat voor nut heeft het iemand te doden die al bijna dood is ? Weet je niet dat mijn ingewanden al helemaal rot zijn ?" Toen Koran dichtbij hem kwam, liet Sangumang een wind en Koran rook die lucht. Koran dacht, dat Sangumangs buik rot was en dat hij wel gauw dood zou gaan; daarom bracht hij hem geen slag toe. "Wat voor nut heeft het iemand een houw te geven wiens buik al verrot is", zei Koran en hij draaide zich om naar huis om de stank te ontvluchten.

Toen hij thuiskwam vroeg zijn moeder hem weer of hij Sangumang al gedood had. Daarop zei hij dat dat niet nodig was, want Sangumangs buik was al verrot en hij had geroken hoe de stank zich overal om hem heen verspreidde. Toen vertelde zijn moeder hem dat hij zich wéér door Sangumang voor de gek had laten houden en dat alleen maar door een wind, terwijl Koran zelf ook wel een stinkende wind kon laten.

Toen rende Koran weer naar het huis van Sangumang. Doordat hij zo boos was, lette hij er niet op of hij Sangumang wel voor zich had, maar schopte hij tegen de boomstronken aan, zodat al zijn puisten gingen bloeden; en hij hield pas op omdat hij zich pijn deed. Daarna werd hij pas oplettend en al zijn domheid verdween en hij wilde Sangumang geen kwaad meer doen.

II.

SARITAN BAPA PALOI

Sarita tuh puna ingatawan awi oloh are intu utus Dajak Ngadju. Sarita te manjarita pambelom Bapa Paloi dengan Indu Paloi tuntang anake Paloi. Bapa Paloi manapengan oloh hatue idje humung, oloh idje dia murah bingat, oloh idje dia harati auh oloh, oloh idje bisit bakoho, tuntang djaton tanggung djawab dengan anak djariae.

Indu Paloi manapengan oloh bawi idje harati tuntang pintar. Ie idje mambatang mahaga pambelom huma serok ewen. Kare tirok akal, tuntang pikir atei uras bahalap akan gunan huma serok, djadi haka-beken toto dengan ampin tjara Bapa Paloi. Awi Indu Paloi atun, maka pambelom keluarga Bapa Paloi magon tau mendeng marak kare tundah kolae. Awi te hun sarita tuh kea itah mite anak ewen Paloi tapaare omba Indu Paloi tuntang djarang toto omba Bapa Paloi. Indu Paloi mimbing peranan hai toto akan kamiar keluarga Bapa Paloi, sampai kadjariae Bapa Paloi idje humung, hubah mandjadi oloh idje harati kasene riman pambelom. Uras djete injarita, tagal kaapik tuntang ka-pintar Indu Paloi.

Saritan Bapa Paloi aton matjam[2], tapi djalan saritae te bilak uras sama, ie te manjarita Bapa Paloi idje humung dengan kabalie Indu Paloi idje pintar sampai ulih mubah hadat langkasan Bapa Paloi man-djadi bahalap.

Saritan Bapa Paloi mungkin aton latar belakang dengan pandangan oloh Dajak Ngadju dengan oloh bawi. Intu utus Dajak Ngadju oloh bawi mandjadi kehormatan keluarga. Papa, bahalap mawi oloh bawi djete uras aton akibat akan keluarga.

Paribasa idje biti oloh bawi irajap awi oloh hatue beken, maka hapus keluarga mananggung kapapa te tuntang manuntut hukum taha-rep oloh idje mawi kasalan te.

Akan mahakan hal[2] idje sala kalote, maka kare anak bawi tabela ihaga toto[2] tuntang dia lalau tau bebas hakawal dengan oloh hatue tuntang dia kea injuhu kabuat manandjong atawa mawi djalanae balua huma. Amon idje oloh bawi kawin, maka pihak panganten hatue musti mambajar matjam[2] hadat djalan akan pihak keluarga bawi. Djete tandan katoton auh oloh pihak panganten hatue handak manduan bawi

II.

DE VERHALEN OVER BAPA PALOI

De verhalen over Bapa Paloi zijn bij de Dajakse mensen zeer bekend. Zij beschrijven het leven van Bapa Paloi, Indu Paloi en hun kind Paloi. Bapa Paloi staat spreekwoordelijk bekend als een domme man, die vergeetachtig is, de mensen niet begrijpt, zeer gierig is en geen verantwoordelijkheidsgevoel heeft voor zijn nageslacht.

Indu Paloi staat bekend als een brave en verstandige vrouw. Zij verzorgt in de eerste plaats het gezinsleven. Al haar overleggingen en gedachten zijn goed voor hun huishouding, dus heel anders dan bij Bapa Paloi het geval is. Dankzij Indu Paloi kan het gezin zich nog handhaven temidden van de familieleden. Daarom zien we ook dat hun kind Paloi meestal bij zijn moeder is en slechts zelden het gezelschap van zijn vader zoekt. Indu Paloi speelt een grote rol in de vooruitgang van het gezin, zodat tenslotte zelfs de domme Bapa Paloi verandert en een oppassend en levenswijs mens wordt. Centraal in het verhaal staat de handigheid en verstandigheid van Indu Paloi.

Er zijn allerlei verhalen over Bapa Paloi, maar de gang van het verhaal is bijna altijd hetzelfde. Het vertelt n.l. over de domme streken van Bapa Paloi en over Indu Paloi die zo verstandig is dat zij in staat is het gedrag van Bapa Paloi te veranderen zodat het goed wordt.

De verhalen over Bapa Paloi hangen mogelijk samen met de Dajakse opvatting over de positie van de vrouw. Bij het Dajakse volk neemt de vrouw een ereplaats in het gezin in. Slechte of goede daden van de vrouw hebben alle hun terugslag op het gezin.

Als b.v. een vrouw verkracht is door een andere man, dan draagt het hele gezin de blaam en eist zijn recht ten overstaan van de man die deze laagheid beging.

Om dergelijke slechte dingen te voorkomen wordt er goed op alle jongemeisjes gepast en zij zijn niet erg vrij om vriendschappelijk met jongens om te gaan en mogen dan ook niet alleen uit wandelen gaan of buitenshuis komen. Als een meisje trouwt, moet de familie van de bruidegom allerlei betalen aan de familie van het meisje. Dit is een teken van de oprechtheid van de bedoelingen van de familie van de bruidegom om het meisje in de familie op te nemen en voor haar op

te akan keluarga ewen tuntang mahagae. Tumun kahain hadat djalan
idje ilaku oloh, tau itah mite kagantung babuhan oloh bawi te belom
intu idje eka. Sasar gantung kasta oloh bawi te, sasar hai kea taloh idje
patut injuang awi pihak hatue. Tapi amon oloh bawi dia kawin tuntang djaton aton oloh nahuang ie, maka djete kea mandjadi kahawen
akan hapus keluarga. Kalote itah sondau pandangan djetuh hung dja-
man horan hung ungkup Dajak Ngadju. Tapi pandangan dje marega
peranan oloh bawi akan keluarga masih aton sampai wajah tuh.
Genep² oloh bakas manirok madu mangawin anak hatue badjeleng,
amon anak hatue te dia lalau panumon. Dengan djalan badjeleng
mangawin anak te, maka kare hadat langkasan dje kadian tuntang dia
manirok pambelom, akan hobah mandjadi oloh idje radjin tuntang aton
bara tudjuan belom. Oloh bawi idje mandjadi kabalie, akan mandjadi
kamburin pambelom tuntang tau maningak taloh dje sala te. Maka
amon oloh bawi maningak te oloh hatue akan mahamen, awi te ie sa-
ulih² bagawi dengan katoton atei tuntang manirok kare taloh gawi
buah². Pandak auh ie te sifat oloh hatue idje dia bahalap akan pambelom, akan hobah amon oloh bawi maningak tuntang madjar.

Pandangan djete tarasondau intu saritan Bapa Paloi. Djadi intu
sarita te imparahan akan itah peranan oloh bawi hung marak utus
Dajak Ngadju. Tuntang hung saritan Bapa Paloi te kea taragitan gunan
oloh bawi akan oloh hatue, ie te madjar oloh hatue idje dia paraba
pambelom. Tagal oloh bawi, maka taloh handiai hung keluarga mandjadi sempurna. Sampai aton auh: "Hormat oloh hatue aton intu
kabalie".

Saritan Bapa Paloi mampingat kare oloh mangat ela manampajah
oloh bawi te hung idje eka randah bara oloh hatue, atawa manganggap
kehadiran oloh bawi te hung eka dje djaton bara rimae. Karana dengan
kehadiran oloh bawi maka oloh hatue dia akan basifat anak oloh
tinai, tapi madjar arep mandjadi oloh bakas.

1. BAPA PALOI MANESER KOLOK BADJANG

Sinde andau Bapa Paloi mandjalin tuntang Indu Paloi manantang
njamu akan pakaian. Anake Paloi mondok hundjun tujang papan
sambil manandak. Peda manandak kare lagu, paluo ic manandak tahiu
gawin bapae tuntang indue. Auh bawak tandak te lulang luli manjewut: "Ilit tantang indang, djarang buwon apang." Bapa Paloi rahas
mahining auh te, tuntang maningak anake uka terai manandak kalute.

te komen. Uit de hoogte van de bruidschat kunnen wij afleiden hoe voornaam de vrouw is: hoe hoger haar afkomst des te meer behoort er door de familie van de man gegeven te worden. Maar als een meisje niet trouwt en niemand haar wil hebben dan is dat ook een schande voor de hele familie. Zo dacht men daar vroeger over in de Dajakse gemeenschap. En nu nog bestaat de opvatting dat het gedrag van een vrouw van betekenis is voor de hele familie. Ouders die een zoon hebben die niet erg oppassend is denken erover die zoon jong uit te huwelijken. Door die zoon snel uit te huwelijken zal zijn luie en lichtzinnige levenshouding veranderen en zal hij ijverig worden en een levensdoel zien. Zijn vrouw zal zijn stuur in het leven worden en zal haar afkeuring uitspreken over zijn slechte gewoontes. Want als zijn vrouw daarover aanmerkingen maakt zal hij zich schamen en daarom zal hij zo goed mogelijk werken, met een oprecht hart, en goed over zijn werk nadenken. Kortom, de slechte levensinstelling van de man zal veranderen als er een vrouw komt die hem vermaant en opvoedt.

Deze opvatting kunnen wij vinden in de verhalen over Bapa Paloi. In deze verhalen wordt ons dus de rol getoond van de vrouw bij het Dajakse volk. Wij kunnen zien waarin een vrouw haar man tot hulp kan zijn, zij kan n.l. een onverantwoordelijke man opvoeden. Door de lessen van zijn vrouw worden alle dingen in het gezin volmaakt, zodat gezegd kan worden: "de eer van een man ligt bij zijn vrouw".

De verhalen over Bapa Paloi herinneren de mensen eraan, dat ze de vrouw niet als lager dan de man kunnen beschouwen of haar aanwezigheid als van geen betekenis. Door de aanwezigheid van een vrouw zal een man geen kind meer blijven maar hij zal zich ontwikkelen tot een volwassen mens.

1. BAPA PALOI DUIKT NAAR EEN HERTEKOP

Op een dag was Bapa Paloi bezig zijn fuik [1] te vlechten, terwijl Indu Paloi boombast klopte voor de kleren. Hun kind Paloi zat op de plank van zijn schommel te zingen. Maar toen hij genoeg had van het zingen van allerlei liedjes, begon hij te zingen over het werk van zijn ouders.

---

[1] *buwu* - zie illustratie.

Tapi Paloi masih ih manandak tuntang dia paraba auh bapae. "Ilit
tantang indang, djarang buwon apang." Awi karahas Bapa Paloi hamauh: "Amon aton dinongku lauk kareh dia maku aku manenga ikau
tinai."

Buwu te kadjariae djadi palus imbit Bapa Paloi akan saran tana
imasange intu tatas hete. Handjewu andau idje ie manjenguk buwu te,
salenga atun dinon lauk tahuman hai. Tawe[2] ie handjak mimbit lauk
te buli huma tuntang mangoan te maragae sana sampai huma.

Indu Paloi barapi tuntang djete djari masak, tapi djaton balut. Tagal
te ie manjoho anake Paloi manangguh bapae balaku lauk akan balut.
Paloi dumah tangguh bapae metuh kandjerae maraga lauk te. "Laku
isut, Pang !" koan Paloi. Tombah Bapa Paloi: "Mh, dia aku manenga
ikau, awi ikau manandak manida buwungku." "Laku ikohe barangai,
Pang", koan Paloi badjudju. Tapi tombah Bapa Paloi: "Ikoh akan
luntuh, benteng akan goreng, koloke akan indu tusuk. Djaton ati bagi
aku tau manenga ikau." Djudju[2] Paloi balaku sampai manangis sirut[2],
tapi bapae dia maku samasinde manenga.

Kadjariae dumah indue tangguh ie palus hamauh: "Terai nak,
manangis. Keleh itah akan tana balaku kare bua saretak akan indu
luntuh itah akan balut, sambil itah manjenguk djarat itah saran tana."
Ewen due tolak malihi Bapa Paloi melai huma akan tana. Intu tana,
salenga hining ewen due auh tukin badjang. Ampie aton badjang buah
djarat ewen. Rangkah-rangkah Indu Paloi manukep manjelek badjang
te palus mamakih mampateie. Kalote badjang te dinun palus ingoan
intu tana te saran kali, imbit akan lewu. Kolok badjang te dia ulih
ewen due te metue, impelai ewen due intu hundjun tunggul saran kali
bentok tana te.

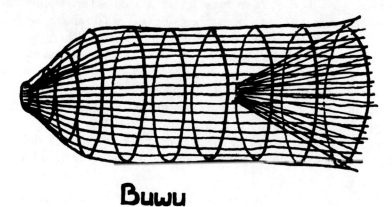

Buwu

Daarbij kwamen steeds deze woorden terug: "Vlug klopt mijn moeder de bast, langzaam vlecht mijn vader zijn fuik." Bapa Paloi werd woedend toen hij dat hoorde en beval zijn zoon op te houden zulk soort liedjes te zingen. Maar Paloi zong door en trok zich niets aan van wat zijn vader zei. "Vlug klopt mijn moeder de bast, langzaam vlecht mijn vader zijn fuik." Omdat hij woedend was, riep Bapa Paloi: "Als ik straks een vis vang, wil ik er jou niets van geven."

Toen de fuik klaar was, bracht Bapa Paloi hem direct naar de oever en stelde hem op in een zijriviertje. De volgende morgen ging hij kijken naar zijn fuik en meteen zag hij, dat er een grote *tahuman*vis in zat. Blij glimlachend nam hij de vis mee naar huis en zodra hij thuis was sneed hij hem in stukken.

Indu Paloi was al klaar met rijst koken, maar er waren geen bijgerechten. Daarom droeg zij Paloi op om naar zijn vader te gaan en wat vis te vragen als bijgerecht. Paloi kwam bij zijn vader, toen hij net bezig was de vis in stukken te snijden. "Mag ik een beetje vis, Vader?" zei Paloi. Maar zijn vader antwoordde: "Nee-ee, ik geef jou geen vis, omdat je geringschattend over mijn fuik gezongen hebt." "Geef me dan alleen de staart maar", zei Paloi doorzeurend. Maar zijn vader antwoordde: "De staart wordt gekookt, het middenstuk gebakken en de kop geroosterd. Er is geen stukje dat ik jou kan geven." Paloi bleef doorzeuren tot snikkens toe, maar zijn vader wou hem helemaal niets geven.

Toen kwam zijn moeder naar hem toe en zei meteen: "Kind, hou op met huilen. Laten we naar ons bouwland gaan en slaboontjes halen om als bijgerecht te koken. Tegelijk kunnen we dan kijken naar onze val aan de rand van het land." Ze gingen met zijn tweeën naar hun akker en lieten Bapa Paloi in huis achter. Op de akker hoorden zij meteen het klagend geluid van een hert. Er was blijkbaar een hert in hun val gelopen. Langzaam sloop Indu Paloi naar het hert toe en sloeg het ineens dood. Zo vingen zij het hert; daarna maakten zij het aan de oever van de rivier voor gebruik gereed en vervolgens namen zij het mee terug naar het dorp. De kop van het hert konden zij niet dragen; die werd door hen op een boomstomp [2] gelegd aan de oever van het stroompje dat midden door hun bouwland liep.

Toen ze thuisgekomen waren en het hertevlees door Indu Paloi gekookt werd, rook het heel erg lekker, zodat Bapa Paloi er zin in kreeg.

---

[2] *tunggul* - bij de *ladang*bouw worden grotere bomen niet gerooid maar op manhoogte afgekapt.

Sampai huma isin badjang te impakasak Indu Paloi mangat[2] toto
ewaue, sampai Bapa Paloi lembut kipee. Te ie hamauh dengan Paloi:
"Laku isut badjang, nak?" Tombah Paloi: "Endau bapae dinun tahuman, djaton bapa maku manenga ikei. Awi te ikei dia maku manenga
apang."

Tagal kipee te iweh Bapa Paloi tali[2] mahasur balua, maka djilek[2]
ampin tampajahe. Mite hal te Indu Paloi hamauh: "Terai ah, Bapa
Paloi, tjoba ikau tangguh kali bentok tana, manduan kolok badjang
idje iandak ikei intu saran kali hete."

Mahining auh te Bapa Paloi harikas manduan pisau, manangking te
palus haguet akan tana. Metuh te kandjeran pandang andau paham,
awi kapaham Bapa Paloi manandjung dia lalu tengak manampajah
baun. Sampai kali te ie mite kangkalingen takolok badjang te intu
danom saran kali te. Dengan kahandjak atei ie sewu, palus maneser
madu manduan takolok badjang te. Tapi djaton, karana idje gitae te
baja kangkalingen bewei bara kolok badjang idje hundjun tunggul.
Mahin kalote ie dia tende manggau, joh pire[2] kali ie maneser sampai
danum kali te keruh kaluntu. Amon ie lompat tuntang danum katining
tinai, te kangkalingen badjang lembut tinai.

"Te ie kanih", koan Bapa Paloi palus sewu tinai, tapi djaton kea.
"Leha[2] kea maka djaton, hetuh ih ampin tampajahe", koae sambil
hanangoi lompat. Sana lompat gitan tinai takolok badjang te intu
danum, maka ie sewu tinai manggau. "Eweh kea dje lalau tulas kalotoh manjahukan te bara aku", koan Bapa Paloi marak ujuh awi darem
bulu, haranan kakindjap maneser intu kali te. Ie hengan amon mite
kolok badjang te magon aton, katika ie djari lompat tinai. Kalote Bapa
Paloi sewu akan kali tuntang lompat tinai bara kali te tapi kolok
badjang te tatap djaton, sampai andau djari nampara halemei.

Indu Paloi hung huma kea hengan tagal Bapa Paloi sampai katahin
te manduan kolok badjang palus djaton ati lembut[2] buli huma. Te
koae dengan anake Paloi: "Narai kea manderuh bapam kanih, sampai
katahin tuh djaton ati buli huma. Has itah mite ie kanih mikeh[2] ie
buah tjalaka." Amon ewen sampai kali bentok tana, te ewen mite
Bapa Paloi metuhe leput leput hung kali, tuntang kolok badjang magon
aton intu tutuk tunggul. "Narai idje inguam hikau, Bapa Paloi?",

Dus zei hij tegen Paloi: "Vraag een beetje hertevlees, zoon." Maar Paloi antwoordde: "Zopas heeft Vader een *tahuman* gevangen, maar Vader wou ons niets geven. Daarom willen wij niets aan U geven, Vader."

Al liep Bapa Paloi het speeksel in straaltjes uit de mond — zo'n zin had hij in het hertevlees — toch bleef hij staan kijken met een gezicht alsof hij het niet lustte. Indu Paloi, die dat wel zag, zei: "Hou op, Bapa Paloi, kun je niet even naar het riviertje midden in ons bouwland gaan om de hertekop te halen, die wij daar aan de oever neergelegd hebben?"

Toen Bapa Paloi dat hoorde, nam hij zijn mes, gordde het aan zijn heup en ging meteen op weg naar hun akker. Het was een zeer warme dag en daarom liep Bapa Paloi met zijn hoofd wat voorovergebogen voor zich uit te kijken. Toen hij bij het riviertje aangekomen was, zag hij de weerspiegeling van de hertekop in het water aan de oever van het riviertje. Verheugd stapte hij in de rivier en dook onmiddellijk in het water om de hertekop te pakken. Maar die was er niet, want wat hij had gezien was immers alleen de afspiegeling van de hertekop die op de boomstomp lag. Desondanks hield hij niet op met zoeken, ja, zó vaak dook hij in het water, dat het helemaal troebel werd. Toen hij er uitgeklommen was en het water weer helder werd, zie, daar kwam de weerspiegeling van de hertekop ook weer te voorschijn.

"Daar is ie", riep Bapa Paloi en hij ging weer in het water, maar weer was hij er niet. "Het is toch te erg, dat hij hier niet is waar hij te zien was", zei hij, terwijl hij naar de kant zwom. Toen hij op de kant geklommen was en de hertekop weer in het water zag, ging hij er weer in om hem te zoeken. "Wie is het die dit zo hardvochtig voor mij verstopt?" riep Bapa Paloi uit, die al moe en koud werd nadat hij zo vaak de rivier ingedoken was. Hij vroeg zich af, of hij de hertekop nog zou kunnen zien, als hij weer op de oever geklommen was. Zo ging Bapa Paloi de rivier in en er weer uit, maar steeds was de herte- kop er niet — totdat het middag begon te worden.

Indu Paloi, thuis, vroeg zich ook af waarom Bapa Paloi er zolang over deed om de hertekop te halen en waarom hij nog niet thuisge- komen was. Daarom zei ze tegen haar zoontje Paloi: "Waarmee maakt je vader zich daar druk, dat hij na zo lange tijd nog niet is terugge- komen? Kom, laten wij gaan kijken of hij daar geen ongeluk gekregen heeft." Toen zij bij het riviertje gekomen waren, dat midden door hun bouwland stroomde, toen zagen ze Bapa Paloi, die in het water zwom, terwijl de hertekop nog op de boomstomp lag. "Wat doe je toch, Bapa

koan Indu Paloi. "Aku manggau takolok badjang dje koam ndau!
Pire kali aku djari maneser manggau tapi djaton sondau", koan Bapa
Paloi.

"Lalehan kahumungm, sampai dia ikau harati auhku", koan Indu
Paloi palus manduan takolok badjang te mandjakah manintu takolok
Bapa Paloi idje masih hung danom. Buah djete Bapa Paloi tarewen,
kolok hagerek, palus hajak te kea balua kare taning pulus² bara pinding, kare burek hasur² balua bara urung sampai kare kahumung
kapalenge uras kea balua.

Bara katika djete Bapa Paloi dia tinai kilau oloh humung, tapi mandjadi oloh harati belum dengan tanggung djawab tandipah kare anak
djariae tuntang rukun damai melai hung huma.

2. BAPA PALOI MANDJUAL KELEP

Bapa Paloi ewen hanak melai mandukuh hung hulu sungei. Ombet
katahie ujah bahatan ewen lepah. Te koan Indu Paloi: "Has, Bapa
Paloi, masuh akan lewu kanih imbit kelep kau, nakiri akae dengan
kare ujah balasan, naniha hapa itah mangahing kare udjau tuntang
badjei itah."

Bapa Paloi manatap arep, kelep indjarat intu ruang djukung, palus
masuh hadjukung kanlewu. Benteng djalan kalapeae ih aran meton idje
iimbit. Te koae hong atei: "Kilen ampie aku mandjual meto tuh,
sadangkan aku dia katawan arae?" Lambak ie pikir² kalote salenga
balua ih ujat kelep denguk² bara penda ruang. Te koae tinai: "Ha-
rungku mingat arae iete Denguk." Hapus djalan sampai kanlewu ie

Paloi?" riep Indu Paloi. "Ik zoek de hertekop, zoals je vanmorgen zei. Hoe vaak heb ik al niet gedoken om hem te zoeken, maar ik kan hem maar niet vinden", riep Bapa Paloi. "Ontzettend, jouw domheid, dat je mijn woorden niet begrijpt", riep Indu Paloi en ze nam de hertekop en gooide die in de richting van het hoofd van Bapa Paloi, die nog in het water was. Daardoor getroffen schrok Bapa Paloi, zijn hoofd sidderde, tegelijk daarmee stroomde alle oorsmeer uit zijn oren en het snot uit zijn neus, net zolang totdat ook alle domheden er uitgestroomd waren.

Vanaf die tijd gedroeg Bapa Paloi zich niet meer als een domoor, maar hij werd een levenswijs mens met verantwoordelijkheid voor zijn nakomelingen; en vrede heerste in zijn huis.

2. BAPA PALOI VERKOOPT EEN SCHILDPAD

Bapa Paloi en zijn gezin verbleven stroomopwaarts van het dorp in hun veldhut.[3] Al een hele tijd waren hun zout en andere levensmiddelen op. Daarom zei Indu Paloi: "Kom Bapa Paloi, ga stroomafwaarts naar het dorp en neem je schildpad mee, om die te ruilen voor zout en trasi [4], waarvan we niet genoeg hebben om de bamboespruiten en varenloten [5] mee op smaak te brengen."

Bapa Paloi maakte zich klaar, bond de schildpad vast in het overdekte gedeelte van zijn boot [6] en roeide vervolgens stroomafwaarts naar het dorp. Onderweg vergat hij de naam van het dier dat hij bij zich had. Daarom zei hij in zichzelf: "Hoe kan ik dit beest nu verkopen, terwijl ik de naam ervan niet weet?" Terwijl hij zo aan het denken was, kwam plotseling de hals van het dier, zich oprichtend, onder het overdekte gedeelte van de boot vandaan. Daarop zei hij: "Juist schiet me de naam te binnen: het is "oprichter". De hele weg naar het dorp leerde hij die naam uit zijn hoofd om hem niet weer

---

[3] *pasah tanah* - de dorpen liggen in Kalimantan aan de rivier, maar het bouwland is daar ver vandaan; daarom heeft men op het bouwland kleine huisjes, ook op palen gebouwd, waar men vaak langere tijd verblijft, als de landbouw dit noodzakelijk maakt.

[4] *balasan* - ind. *terasi* - een pikante vis- of garnalenpasta, die in kleine hoeveelheden als smaakmiddel aan veel spijzen toegevoegd wordt.

[5] Bamboespruiten en varenloten worden als groente bereid bij de rijst.

[6] *djukung* - een roeiboot, al of niet met een dakje, die gemaakt is van een uitgeholde boomstam waarvan de zijkant met een plank is verhoogd. Een uitgeholde boomstam die niet is verhoogd heet een *sudur*.

mahapal aran te tinai uka dia kalapean tinai. Kilau anak oloh umur
lime njelo injoho mamili taloh hong warung ie mahapal aran meto te:
"Denguk . . . . Denguk . . . . Denguk." Kadjariae ie sampai lewu. Oloh
are sama hengan mahining auh Bapa Paloi sambil mambesei hamauh
kalote, karana djaton ati meto idje kalote arae.

Te aton oloh idje misek ie: "Narai imbitm Bapa Paloi? Tjoba imbit
tende handjulu, ikei omba mitee." Palus Bapa Paloi tende batang dan
oloh are sama dumah mangarimbung handak mite meto idje bagare
denguk. Sana oloh mite, te koan ewen: "Kai taloh idje injewutm
Denguk, iete kelep."

Aton kea oloh idje masi ie manarima kelep te hatakiri dengan ujah,
balasan tumun peteh Indu Paloi dengae. Dengan kahandjak ie buli
tinai bara lewu murik sungei tinai. Benteng sungei ie mite aton upon
puring dan mite aton udjau. Palus ie manduan ujah, balasan idje aton
te manawur upon udjau tengah belah. Limbah te ie maradjur djalanae,
te pasuru ruwut badjei, palus ie manawur kare tisan ujah balasan idje
aton te lepah[2] akan ruwut badjei te. Kalote ie mangira djari malalus
peteh Indu Paloi dengae. Sana sampai huma, Indu Paloi misek ie:
"Koeh kare ujah, balasan idje dinom takirin kelep te?" Tombah ie:
"Djari imbuwuh lepah intu kare genep upon udjau puring tuntang
ruwut badjei." Hakajah, lalehan katulasm, Bapa Paloi. Aku mameteh
ikau dia akan djete, tapi indu kinan itah, iete hapa itah mangahing
djuhon udjau tuntang badjei itah tuh. Dia idje ujah te inawur akan
kare upon puring tuntang badjei."

Indu Paloi manjoho Bapa Paloi melai manunggu huma tinai, karana
Indu Paloi tolak tinai akan lewu manggau ujah dengan mimbit kare
taloh imbul iete ramon djuho. Hong lewu Indu Paloi inambang awi
kare tundah kolae palus manenga akae kare taloh idje mambatang
inggau akan lewu. Luar bara djete aton kea oloh manenga ie badju
kabaja bintik bahandang, awi badjun Indu Paloi kea djadi barabit toto,
handak dia ulih hapan tinai. Dia kea Indu Paloi lalau tahi melai lewu,
awi manjanga kare panginan idje handak impakasak akan ewen hanak.
Ie palus buli sana dinon kare taloh idje inggau akan lewu.

Bapa Paloi tunggu[2] ih dengan panumah Indu Paloi sambil ngantuk[2]
intu baun bauntunggang pasah. Metuh ie mariaran matae akan talian
tende, maka gitae oloh bawi habadju bahandang bahalap tampajahe.
Bapa Paloi paham handjak mite oloh bawi te lompat manintu pasah

te vergeten. Zoals een kind van een jaar of vijf dat boodschappen moet doen in een winkeltje, zo leerde hij die naam uit zijn hoofd: "Oprichter... oprichter... oprichter..." Daarna kwam hij in het dorp. De mensen verwonderden zich, toen ze Bapa Paloi al roeiend zo hoorden spreken; want er bestaat helemaal geen dier met zo'n naam.

Daarom vroegen de mensen hem: "Wat breng je mee, Bapa Paloi? Stop eens even, dan kunnen wij het ook zien." Bapa Paloi ging meteen naar een aanlegsteiger en de mensen kwamen in een menigte om hem heen staan, omdat ze het dier wilden zien dat "oprichter" heette. Toen ze het zagen, zeiden ze: "Hee, het ding dat jij een oprichter noemt, is een schildpad."

Er was ook iemand die hem wou helpen en de schildpad wou ruilen tegen zout en trasi, zoals Indu Paloi hem had gevraagd. Blij ging hij van het dorp weer stroomopwaarts, naar hun veldhut toe. Halverwege de rivier zag hij een bamboestam waar bamboespruiten uitkwamen. Meteen nam hij het zout en de trasi en strooide die voor de helft over de bamboespruiten. Daarna ging hij weer op weg, totdat hij langs varenloten kwam, waarover hij de rest van het zout en de trasi uitstrooide, zodat alles op was. Hij dacht, dat hij zo het verzoek van Indu Paloi had uitgevoerd. Toen hij thuiskwam, zei Indu Paloi: "Waar is het zout en de trasi, die je in ruil voor de schildpad gekregen hebt?" Waarop hij antwoordde: "Het is al helemaal uitgestrooid over bamboespruiten en varenloten." "O wee, jouw hardleersheid is te erg, Bapa Paloi. Daarvoor heb ik je geen opdracht gegeven, maar voor ons eten, dat we onze bamboe en varensoep ermee kunnen zouten. Niet om het zout uit te strooien over bamboebomen en varens in het bos."

Indu Paloi beval Bapa Paloi om thuis te blijven en op zijn beurt op het huis te passen, want zij vertrok nu naar het dorp om zout te halen, terwijl ze groente die ze had verbouwd meenam. In het dorp kwamen de familieleden van Indu Paloi haar tegemoet en ze gaven haar alles waarvoor ze speciaal naar het dorp was gekomen. En bovendien gaf iemand haar nog een roodbedrukte bloes, omdat haar bloes al erg kapot was zodat ze hem eigenlijk niet meer dragen kon. Indu Paloi bleef ook niet lang in het dorp, want ze wilde de rijst opwarmen en de bijgerechten koken voor haar gezin. Ze vertrok meteen nadat ze in het dorp alle dingen had gekregen waarvoor ze uitgegaan was.

Bapa Paloi wachtte op de komst van Indu Paloi, terwijl hij zat te knikkebollen voor de deur van hun huisje. Toen hij zijn ogen opsloeg naar de landingsplaats, zag hij daar een vrouw met een rood bloesje, die mooi was om te zien. Bapa Paloi was heel verheugd toen hij zag

tuntang mangira tuh aton oloh bawi bahalap *mandai ie* (handak kawin dengae). Kadjeng kisu ie akan likut huma mimbit lundju manangguh karambang bawoi sahut Indu Paloi. Sana sampai, ie palus mamuno bawoi te, sampai matei. Awi puno te bawoi manguek tuntang Indu Paloi hengan mite Bapa Paloi salenga dari[2] akan likut huma palus mampatei bawoi.

Indu Paloi nambawai mantehau ie, tapi bawoi sahut djari buah puno dan matei. Bapa Paloi harun tarewen tuntang barendeng tinai, tuntang tuh harun ie katawan oloh bawi idje injangka oloh bawi beken te, djaton beken bara Indu Paloi kabuat. Indu Paloi sangit toto dengae, manunda ie akan pasah. Hete Indu Paloi malait ie mules pinding tuntang hamauh: "Pinding tuh idje dia tau mahining budjur kare auh oloh tuntang dia tau marimae!" Puna hal te pehe akan Bapa Paloi sampai ie mangkariak, tapi hemben te tinai kare taning burek uras balua. Kalote kea matan Bapa Paloi buah tirok awi Indu Paloi tuntang djete pehe toto akan Bapa Paloi, tapi hajak te kea kare kitat burek balua lepah. Kalote Bapa Paloi bara katika djete mandjadi oloh harati, karana hajak kare taning tuntang kare kitat burek te kea kare kahumung, kapaleng, kabuntat uras lepah nihau.

3. BAPA PALOI TEMPE HUNDJUN TAROK ENJUH

Tagal behas lepah maka Indu Paloi mambirang kekei akan indu inambehas. Limbah te ie musti masuh akan lewu awi aton keperluan[2] beken. Sahelo bara tolak ie mameteh Bapa Paloi koae: "Kareh, amon matan andau djari djangka djangka lawin taruk enjuh, ambo ih kekei palus imbit lisung nempe ih kekei idje djari masak te." "Ijoh, kareh aku ngoae", koan Bapa Paloi. Indu Paloi hagoet akan lewu tuntang

dat deze vrouw aan land kwam en in de richting van hun hut liep; hij dacht: "Dit is een mooie vrouw die mij tot een huwelijk wil dwingen." [7] Haastig ging hij met zijn lans naar de achterkant van de hut, naar het hok van het offervarken van Indu Paloi. Daar aangekomen, stak hij het varken onmiddellijk dood. Door de steek gilde het varken; en Indu Paloi vroeg zich af waarom Bapa Paloi plotseling naar achteren liep om het varken te doden.

Indu Paloi riep huilend naar hem, maar het offervarken was al door de lans getroffen en dood. Bapa Paloi schrok erg en werd weer oplettend en toen pas merkte hij, dat de vrouw van wie hij dacht dat zij een vreemde was, niemand anders was dan Indu Paloi zelf. Indu Paloi was erg boos op hem en sleepte hem in de hut. Daar schold ze hem uit, draaide zijn oren om en riep: "Die oren, die niet goed kunnen horen wat de mensen zeggen en die de betekenis ervan niet kunnen begrijpen!" Dat deed Bapa Paloi zeker pijn, zodat hij schreeuwde, maar terzelfdertijd kwam alle oorsmeer en etter eruit. Evenzo stak Indu Paloi de punt van een spies [8] in de ogen van Bapa Paloi en dat deed Bapa Paloi erg pijn, maar tegelijk daarmee kwam de etter van de ogen en het snot naar buiten. En zo werd Bapa Paloi vanaf die tijd een verstandig mens, want met het vocht uit oor, oog en neus verdwenen ook helemaal zijn domheid, zijn slechte kontakt met de omgeving en zijn tekortkomingen.

3. BAPA PALOI STAMPT RIJST IN DE KRUIN VAN EEN KLAPPERBOOM

Omdat de rijst op was, spreidde Indu Paloi de ongepelde rijst uit om te drogen, zodat die gepeld zou kunnen worden. Daarna moest ze voor iets anders naar het dorp roeien. Voor ze wegging, gaf ze Bapa Paloi deze opdracht: "Straks, als de zon gelijkstaat met de top van de klapperboom, neem dan de rijst op, neem ook het rijstblok en stamp de rijst die dan al droog is." "Ja, dat zal ik straks doen", zei Bapa Paloi. Indu Paloi ging naar het dorp en Bapa Paloi bleef thuis wachten op

---

[7] *mandai* - volgens J. Mallinckrodt het afdwingen van een huwelijk. Van deze methode wordt gebruik gemaakt, zegt hij, door meisjes die 't meestal op haar verleiders gemunt hebben. Ze lokken dezen daartoe in huis, sluiten de deur, stapelen allerlei kostbaarheden voor de jongeling op, die trouwen moet of de opgestapelde waar vergoeden.

[8] *tirok* - een lange spitse punt van ijzer, die men aan een lange stok bindt om daarmee, 's nachts, langs de oever slapende vissen te steken.

Bapa Paloi manunggu kekei melai pasah. Pire[2] kali ie tengak manan-tuani ampin kagantung matan andau, te sana matan andau ukur[2] lawin taruk enjuh Bapa Paloi mambo kekei te, imuat intu lontong. Lontong te imbit tinai mandai taruk enjuh, palus iandak hete. Djadi djete, ie mohon tinai manduan lisung madu mimbit mandai enjuh tinai. Ie mumah lisung te dan mantjoba mimbit te mandai. Tapi djete dia murah, karana djete aton kabehat akan iimbit manjakei. Epat lime kakuhap ie mandai, te ie kandarusu tinai mohon kanpenda. Are toto kaabas nihau tagal gawi te sampai ie paham ujuh, tapi auh Indu Paloi ie dia bahanji mangalapeae. Kalote ie magon mantjoba manjakei mim-bit lisung te, aloh pire[2] kali djari mandjato kanpenda.

Marak te kea aton pusan kasajangan Indu Paloi omba mandai mam-pahajak ie. Ampie pusa te mangira Bapa Paloi hureh dengae. Kanatek pusa te mangiau paham hong penda, amon Bapa Paloi djadi udju hanja kakuhap kagantong mandai. Awi auh pusa ie tampaliau kanpenda, palus tapamohon tinai akan penda. Hal te ingkeme awi Bapa Paloi paham manderuh toto, maka tagal kaujuh ie sangit toto dengan pusa te mamukul sampai matei. Tarewen angate sana mite pusa te matei buah pukul, karana dia ie madu mawi kalote. Tuh tinai ie mikeh buah lait Indu Paloi haranan pusa te matei awi te manggau djalan uka manjahokan hantun pusa te. Te koae hong atei: "Intu kueh ekaku tuh manjahokan hanton pusa uka dia ingatawan awi Indu Paloi?" Te lembut intu pangingat atei: "Intu hila tekok ih, karana hete dia aku pudji gite." Handjak kea angat dinon akal djete, palus manggau kalu-wak uei mandjarat pusa te dan mangkuak intu tekok. Tuh atei sanang tinai dan mangira Indu Paloi kareh dia akan mite pusa te, awi kaleka puna bahalap sahokan sampai ie kabuat dia ulih mite kea.

Ie manjakei enjuh tinai mimbit lisung dengan matjam[2] akal, kadja-riae ulih kea sampai. Tahi kea ie musti malajan kaheka intu lawin enjuh te, sampai ie ulih nampara tempe parei kekei. Ledup[2] ie tempe parei taruk enjuh, idje gawi idje dia pudji oloh beken mangoae. Kare burung uras tarawang hadari, kare tupai manangkeru mahakan, kare

het drogen van de rijst. Telkens keek hij omhoog, om te zien hoe hoog
de zon stond; en toen de zon even hoog stond als de top van de
klapperboom, nam Bapa Paloi de rijst op en deed die in een mand.[9]
Hij klom in de klapperboom met deze mand, die hij daar neerzette.
Toen dat klaar was ging hij weer naar beneden om het rijstblok te
halen, dat hij dacht te moeten meenemen naar boven in de klapperboom. Hij nam het rijstblok op zijn rug en probeerde daarmee naar
boven te klimmen. Maar dat is niet gemakkelijk, want een rijstblok is
zwaar om klimmend mee te nemen. Vier, vijf keer probeerde hij omhoog te komen, maar telkens gleed hij weer naar beneden. Veel van
zijn kracht verloor hij hierdoor, zodat hij erg moe werd, maar hij
durfde de woorden van Indu Paloi niet te vergeten. Daarom probeerde hij nog eens het rijstblok naar boven te brengen, alhoewel hij
al zo vaak naar beneden was gevallen.

Ondertussen was er ook nog de poes, waar Indu Paloi erg op was
gesteld, die met hem mee naar boven klom. De poes scheen te denken,
dat Bapa Paloi grapjes met haar maakte. Toevallig miauwde de poes
beneden erg, toen Bapa Paloi zich al zeven of acht slagen opgetrokken
had. Door het geluid van de poes keek hij naar beneden en gleed toen
meteen weer terug. Bapa Paloi vond, dat dit hem erg stoorde en omdat
hij moe was, werd hij zo boos op de poes dat hij haar doodsloeg. Hij
schrok, toen hij zag dat de poes door zijn slagen dood was, want dat
had hij niet bedoeld. Toen werd hij weer bang voor de woede van
Indu Paloi, omdat de poes dood was. Daarom zocht hij een manier
om het lijk van de poes te verstoppen. Hij zei in zichzelf: "Waar zal
ik het lijk van de poes toch verstoppen zodat Indu Paloi het niet
merkt?" Toen kwam deze gedachte bij hem op: "Achter mijn nek,
want daar kan ik nooit kijken." Hij was blij dat hij deze list bedacht
had, zocht meteen een stuk pitriet, bond de poes ermee vast en hing
haar op zijn nek. Wat was hij opgelucht, omdat hij dacht dat Indu
Paloi nu de poes niet zou kunnen zien, die hij op zo'n goede plaats
verstopt had dat hijzelf haar ook niet eens kon zien.

Hij klom weer in de klapperboom met het rijstblok; en door allerlei
listen kwam hij tenslotte boven. Lang moest hij uitrusten van zijn
vermoeidheid, in de kruin van de klapperboom, voor hij kon beginnen
met de gedroogde rijst te stampen. Plok-plok, stampte hij rijst in de
kruin van een klapperboom, wat nog nooit een ander mens had gedaan.
Alle vogels vlogen weg, alle eekhoorns vluchtten al springend, alle apen

---

[9] *lontong* - een van rotan gevlochten mand met deksel, die op de rug gedragen
wordt; zie illustratie.

bakei buhis uras kea babuhau bara tokep hete mahining auh tepen lisung Bapa Paloi.

Indu Paloi kandjerae murik sungei buli bara lewu. Benteng[2] sungei djari hining auh halon Bapa Paloi manepe lisung. Hengan kea ie mahining, karana dia pudji kalote kakedjau auh tepen lisung helo bara tuh. Sampai talian Indu Paloi lompat hundjun manggau Bapa Paloi, mantehau ie. Te tombah Bapa Paloi bara taruk enjuh. "Narai kea gawim hikau?" koan Indu Paloi heran. "Aku tempe parei kekei tumon petehm", tombah Bapa Paloi. "Eweh kea idje mameteh ikau kalote, sampai mandai taruk enjuh tempe hikau. Koangku dia kalote, tapi amon andau ombet kagantung njira lawin enjuh te ikau tempe parei te hong lisung penda tuh", koan Indu Paloi tinai palus manjoho ie mohon. Bapa Paloi malabuh lisung, halo midje[2] akan penda limbah te ie mumah lontong kekei mohon kea akan penda. Sana ie malekak lontong hong petak te taragitan hantun pusa idje kuak[2] hong tekok Bapa Paloi awi Indu Paloi. "Narai tinai idje kuak hong ujatm, Bapa Paloi?" isek Indu Paloi. "Hai, kai gitam kea tenah. Aku kira dia ikau mite hantun pusa te idje matei buah lengengku endau", koan Bapa Paloi.

"Lalehan kapasim, kahumungm, kapalengm, Bapa Paloi! Katulasm mampatei pusan itah idje menteng maharak kare balawau, mahaga kare parei itah", koan Indu Paloi. Palus ie manduan idje tetek kaju bara pahe, melang kolok Bapa Paloi tuntang tagal djete tarewen angat hambaruae. Awi djete maka nihau kare kahumung, kapaleng lepah tuntang tuh Bapa Paloi belum harati tinai kilau oloh are. Kare auh Indu Paloi inirok budjur[2]; kalote ie bagawi kea dengan pikir akal idje bahalap.

4. BAPA PALOI MANAKAU PAKASEM INDU PALOI

Bapa Paloi oloh idje bakoho bisit dengan kare taloh pangulih. Awi kaisite ie dia maku manenga kare hasil pangulihe akan anak djariae. Tagal djete ie dia kabuah dengan Indu Paloi tuntang pisah kentjeng. Sinde andau Bapa Paloi lepah balut sama sinde tuntang hasil buwu djaton ati idje manasa dinon lauk. Ie tolak mamisi akan sungei mahin

gingen er vandoor, toen zij het doffe geluid hoorden van het gestamp in het rijstblok van Bapa Paloi.

Ondertussen roeide Indu Paloi de rivier weer op vanaf het dorp. Halverwege de rivier hoorde zij reeds het geluid van Bapa Paloi's stamper. Ze was verwonderd dit te kunnen horen, want nooit tevoren had het rijststampen zó ver geklonken. Toen ze bij de steiger aangekomen was, sprong ze aan wal, zocht Bapa Paloi en riep hem. Bapa Paloi antwoordde vanuit de kruin van de klapperboom. "Wat doe je daar?" zei Indu Paloi verbaasd. "Ik stamp de gedroogde rijst, zoals je gevraagd had", antwoordde Bapa Paloi. "Wie heeft je zoiets gevraagd, om in de klapperboom te klimmen en daar de rijst te stampen! Dát heb ik niet gezegd, maar om de rijst, als de zon hoog genoeg stond, gelijk met de top van de klapperboom — om dan de rijst hier beneden in het rijstblok te stampen!" zei Indu Paloi en ze beval hem meteen om beneden te komen. Bapa Paloi liet één voor één de stamper en het rijstblok neer, daarna nam hij de mand met rijst op zijn rug en kwam daarmee ook zelf naar beneden. Terwijl hij de mand met rijst op de grond zette, daar zag Indu Paloi het lijk van de poes, door Bapa Paloi om zijn nek gehangen. "Wat heb je daar nu weer om je hals gehangen, Bapa Paloi?" vroeg Indu Paloi. "Hee, zie je toch dat van zopas? Ik dacht, dat je de poes, die ik zopas heb doodgemaakt, niet kon zien", zei Bapa Paloi.

"Ontzettend, jouw zieligheid, jouw domheid, jouw bekrompenheid, Bapa Paloi! Je hardheid om de poes te doden, die moedig alle muizen wegjoeg en op onze rijst paste!" zei Indu Paloi. Meteen pakte ze een stuk brandhout van het houtdroogrek en sloeg hem daarmee op zijn hoofd. Daardoor schrok Bapa Paloi tot in zijn ziel, zodat al zijn domheid verdween. En vanaf die tijd leeft Bapa Paloi weer verstandig, zoals de andere mensen. Hij denkt nu goed na over alle woorden van Indu Paloi; en zo werkt hij nu ook met verstand en na goed overleg.

4. BAPA PALOI STEELT INGEMAAKT VLEES VAN INDU PALOI

Bapa Paloi was erg gierig met alles wat zijn werk opbracht. Omdat hij zo gierig was, wou hij niets van zijn opbrengst aan zijn gezin geven. Daarom was hij niet één met Indu Paloi; zij kookten apart. Op een dag had Bapa Paloi helemaal geen bijgerechten meer en er was geen vis in zijn fuik gezwommen. Hij ging naar de rivier om te vissen, maar

djete sia². Kadjariae ie buli huma dengan buang tuntang magon djaton
ati akan balut. Kanai balau, awi ie dia belai kuman haranan djaton
balut. Ie katawan aton pakasem badjang ajun Indu Paloi, tapi ie mahamen balaku, karana ie katawan arepe kea oloh idje bisit bukih dia
maku manenga ewen anak djariae, amon aton isut pangulihe. Tagal
te ie manjarenan ih.

Dia tahi limbah te Indu Paloi ewen due hanak tolak akan tana.
Bapa Paloi melai kabuat hong huma. Ie katawan kaleka sangkulap
betong pakasem Indu Paloi hundjun pahe. Bari masak, te Bapa Paloi
dia pikir pandjang tinai manduan sangkulap te bara hundjun pahe.
Baun sangkulap te kurik baja² ulih tame lenge, tuntang amon oloh
balaku pakasem, te oloh mukut lenge intu huang tuntang mandjidjit
lenge tinai rangkah² dengan mimbing isin pakasem hapan tundjuk
bewei.

Bapa Paloi madjuk lenge due² akan huang sangkulap te, palus
mangarakup isin pakasem te are toto kontep karakup. Ie mandjidjit
lenge balua tinai, tapi dia tau karana due² lengee uras tame. Ie mamaksa mandjidjit lenge, tapi lenge tatap tangkeng tuntang sasar hapit.

Limbah pire² katahie ie bausaha mampalua lenge tapi djete sasar²
pehe awi hapit, taraingate Indu Paloi akan buli huma. Bara kedjau ie
djari mahining auh tandak anake Paloi sambil manandjong dengan
indue buli huma. Tuh ie dia katawan tjara beken tinai. Handak ie
mansanan te budjur budjur, mahamen angat. Idje djalan bewei akae ie
te hadari akan bapahan manjahokan arep dengan mambalon arepe
dengan amak.

Indu Paloi ewen due hanak sampai huma mite Bapa Paloi djaton.
Te Indu Paloi mantehau: "O Bapa Paloi, kangkueh ikau ?". "Mmh...
mmmh...... mmmh...... mmmh" kalote auh tarahing Bapa Paloi tuntang djaton tombah narai² bara hundjun bapahan.

Indu Paloi mandai bapahan mite Bapa Paloi habungkur amak tuntang magon manarahing kilau oloh badarem hagendjeh.

"Narai mawi ikau Bapa Paloi ?" isek Indu Paloi. "Mmmhh...

ook dat was vergeefs. Na enige tijd ging hij zonder iets naar huis en nog steeds was er geen bijgerecht. Hij had honger, want hij had geen zin om te eten zolang er geen bijgerecht bij de rijst was. Hij wist dat er hertevlees was, dat Indu Paloi had ingemaakt [10], maar hij schaamde zich om dat te vragen; want hij wist wel dat hijzelf gierig was en niets aan zijn kinderen wou geven als hij iets had gevangen. Daarom leed hij maar in stilte.

Even later ging Indu Paloi met hun zoontje naar de akker. Bapa Paloi bleef alleen thuis. Hij wist, dat de wijde bamboekoker van Indu Paloi, gevuld met ingemaakt vlees, was neergezet op het droogrek voor het brandhout. Omdat de rijst klaar was, hoefde Bapa Paloi niet lang te denken voor hij de bamboekoker van het brandhout pakte. De opening van de koker was nauw. Je kon er alleen maar met één hand in. Als iemand wat vlees wilde hebben, dan stopte hij zijn hand erin en trok die langzaam weer terug met alleen een stukje vlees tussen de vingers.

Maar Bapa Paloi stak zijn beide handen in de bamboekoker en greep meteen heel veel vlees, wel een handvol. Toen hij zijn handen weer eruit wou trekken, ging dat niet, omdat hij ze er beide tegelijk ingestoken had. Hij probeerde zijn handen met kracht eruit te trekken, maar ze bleven vastzitten en raakten steeds meer ingeklemd.

Heel lang was hij al bezig zijn handen uit die bamboekoker te trekken — wat hem steeds meer pijn deed, omdat ze ingeklemd waren — toen hem te binnen schoot dat Indu Paloi thuis zou komen. Van verre hoorde hij al het zingen van zijn zoontje Paloi, terwijl die met zijn moeder naar huis liep. Toen wist hij niet meer wat te doen. Hij wilde het wel eerlijk vertellen, maar hij schaamde zich te erg. Hij zag maar één uitweg: zich in de hanebalken verstoppen, door zich in een mat te wikkelen.

Indu Paloi en hun zoontje kwamen thuis en zagen dat Bapa Paloi er niet was. Toen riep Indu Paloi: "O Bapa Paloi, waar ben je naar toe?" "Mmh... mmh... mmh...", was het enige wat ze van Bapa Paloi hoorden; en er kwam geen antwoord vanuit de hanebalken.

Indu Paloi klom in de hanebalken en zag Bapa Paloi, die zich in de mat gewikkeld had en ook nog sidderde als iemand die koude rillingen heeft.

"Wat doe je daar, Bapa Paloi?" vroeg Indu Paloi. "Mmh... mmh...

---

[10] *pakasem* - vlees of vis, met zout en gekookte rijst vermengd; het mengsel wordt dan zuur en is ongeveer drie weken houdbaar.

mmmhh... mmhh... aaakuuu... baa... daarem... mmmh... mmmh...
mmmh. Laaku... tungku...... akangku", koan Bapa Paloi sambil manjahokan sangkulap idje leket hung lengee. Indu Paloi manukep ie
manggajap kare lingkau kolok mangkeme-keme lasut, tapi djaton ati
kea tanda² idje balasut kilau oloh badarem. Te Indu Paloi mukei amak
bungkus Bapa Paloi, palus taragitan sangkulap idje leket intu lengen
Bapa Paloi due². "Akan narai ikau mamangkut sangkulap pakasem
kau, Bapa Paloi?" pisek Indu Paloi hajak hengan. Kadjariae harue ie
mite idje sangkulap te leket intu lengen Bapa Paloi tuntang lengen
Bapa Paloi djadi kembang² kea tagal djete.

"Lalehae kea lalau kahumungm, Bapa Paloi, dengan taloh idje matjam kau. Diakah patut ikau balaku buah², bara lagu idje matjam
tuh?" Indu Paloi mimbing sangkulap te, manjuhu Bapa Paloi mukei
karakupe mandjudju helo akan hila Bapa Paloi limbah te mandjidjit
luwah². Lengen Bapa Paloi empas bara sangkulap te, aloh kapehe
magon hung lengee. Tapi idje mambatang Bapa Paloi mahamen toto
tagal djete tuntang tagal djete ie mubah dasar idje bisit bakoho dia
paraba anak djariae. Bapa Paloi mandjadi oloh idje pintar harati mambelom arepe limbah kadjadian sangkulap pakasem te.

5. BAPA PALOI PAHUNI

Bapa Paloi aton malan. Sinde andau ewen hanak mohon akan tana
riuh². Tabarung are sangkalap enjak intu marak tana. Te ewen hanak
manggau tuntang are kea dinon. Indu Paloi ewen ndue anak Paloi buli
pasah mimbit te madu pakasak. Te peteh Bapa Paloi: "Takan ih keton
buli helo pakasak sangkalap enjak tuh. Nisa akangku ih tengah belah.
Aku rahian buli." "Joh, buli ih ikei tuh", tombah Indu Paloi.

Sampai pasah ewen ndue hanak mamapoi sangkalap enjak sambil
kumae. Idje mambatang, Paloi kuman djete; masak idje kinae, masak
idje kinae sampai kadjariae lepah lingis djaton ati tisae tinai.

Dia tahi limbah te Bapa Paloi dumah bara tana marak kaheka. Ebes
nahasak, tahaseng suwang siwut ie mandai pasah palus mondok tuntang misek tisan sangkalap enjak. Bara tana ie djari ina² huang handak
kuman djete. "Lepah kinan anakm Paloi", koan Indu Paloi agak
manjasal. "Hakajah, katulas keton dengangku. Nauh aku manganan
arepku akan parak kaju. Ampie keton dia paraba aku idje heka² bagawi marak pandang andau idje kalotoh kapaham hong tana", koan Bapa

mmh... ik... heb... koorts... ik... vraag... warme... compressen...",
zei Bapa Paloi, terwijl hij de bamboekoker die aan zijn handen vastzat
verstopte. Indu Paloi kwam dichterbij en voelde aan zijn voorhoofd
of hij ook warm aanvoelde, maar er was geen verschijnsel van koorts.
Toen sloeg Indu Paloi de ineengerolde mat van Bapa Paloi open en
ze zag meteen de bamboekoker die aan zijn beide handen vastzat.
"Waarom heb je de bamboekoker met ingemaakt vlees in je armen?"
vroeg Indu Paloi verbaasd. Al gauw zag ze, dat de handen van Bapa
Paloi vastzaten in de bamboekoker en dat ze daardoor al gezwollen
waren.

"Het toppunt van domheid, jij, Bapa Paloi, dat je zoiets doet. Zou
het niet fatsoenlijker zijn geweest het behoorlijk te vragen in plaats
van het op zo'n manier te doen?" Indu Paloi pakte de bamboekoker,
beval Bapa Paloi zijn vuisten te openen en iets door te drukken;
daarna kon Bapa Paloi zijn handen eruit trekken. Bapa Paloi's handen
waren vrij van de koker, hoewel ze nog steeds pijn deden. Maar het
belangrijkste was, dat Bapa Paloi zich heel erg schaamde en daarom
zijn gierige en onverantwoordelijke aard veranderde. Bapa Paloi werd
een verstandig man, na die gebeurtenis met de bamboekoker met ingemaakt vlees.

5. BAPA PALOI DOOR HET ONGELUK GETROFFEN [11]

Bapa Paloi was aan het werk op zijn akker. Op een dag kwamen,
luidruchtig, de kinderen en moeders naar de akkers. Er zaten juist veel
vette sprinkhanen tussen de gewassen. De kinderen gingen ze zoeken
en zij vonden er veel. Toen Indu Paloi en hun zoontje Paloi naar de
veldhut teruggingen, namen zij ze mee om ze te bereiden. Bapa Paloi
zei tegen hen: "Vooruit, gaan jullie eerst maar naar huis om de
vette sprinkhanen te bakken. Maar bewaar de helft voor mij. Ik kom
straks thuis." "Ja, wij gaan nu naar huis", antwoordde Indu Paloi.

Toen zij in hun hut gekomen waren, roosterden zij de sprinkhanen
en aten ze onderwijl op. Of eigenlijk: Paloi at ze op; telkens als er
eentje gaar was, at hij hem op, net zolang tot alles op was en er
niets meer over was.

Een poosje later kwam Bapa Paloi vermoeid van het land terug.

---

[11] *pahuni* - ongeluk - als iemand ergens wordt uitgenodigd om te eten en hij
vertrekt zonder het eten ook maar te hebben aangeraakt, dan veroorzaakt
dat ongeluk voor hem.

Paloi palus hadari akan saran tana manintu parak kaju. Indu Paloi
ewen ndue hanak mangahana ie tuntang mangoang ie bausaha manahan
ie, tapi Bapa Paloi balias toto hadari tuntang labih abas bara ewen
ndue. Indu Paloi ewen ndue hanak sasar kedjau balihi tuntang Bapa
Paloi masih hadari sampai ewen dia mite ie tinai.

Djari kedjau Bapa Paloi djari hadari te hasondau dengan lalipan
hai. Te koae: "O, lalipan, lalipan, mepet aku!" Tombah lalipan:
"Narai pahunim, sampai aku mamepet ikau?" Koan Bapa Paloi: "Pahuni sangkalap enjak. Ewen awang anakku dia ati sama sinde manisa
akangku." Tombah lalipan tinai: "Oh, sangkalap enjak idje korik te?
Akan anakm mahin dia sukup. Dia usah pahuni sampai ikau, taloh
idje kalote kahai."

Mahining auh te Bapa Paloi tolak tinai maradjur djalanae sasar
kedjau. Hete ie hasondau dengan kala hai. Katip mangahai penang,
buntut mangahai tundjuk indu pai, baka ikeh² ampin tampajah. Te
koan Bapa Paloi: "O, kala, kala, mbuntut aku!" Tombah kala: "Narai
pahunim, sampai aku mawi ikau?" Koan Bapa Paloi tinai: "Pahuni
sangkalap enjak. Endau aton sangkalap enjak dinon ikei, tapi lepah
sama sinde kinan anak djariangku." Tombah kala tinai: "Hau, Bapa
Paloi, sabar ih helo. Diakah sangkalap enjak te korik? Akan anakm
mahin dia sukup, lehae sampai ikau!"

Bapa Paloi magon ih angat karahas tuntang maradjur pandari tinai.
Dia tahi limbah te ie hasondau dengan handipe handjaliwan hai. Liker²
ie intu upon baner tuntang ujat djenguk² manampajah Bapa Paloi. Te
hamauh Bapa Paloi: "O handjaliwan, handjaliwan, notok aku." Tombah handjaliwan: "Akan narai? Tuntang narai pahunim?" Koan
Bapa Paloi: "Pahuni sangkalap enjak, awi lepah lingis kinan ewen
Indu Paloi ndue hanak, djaton ati tisae tinai akangkau." Tombah
handjaliwan tinai: "Dia sukup tagal djete aku mawi ikau. Akan anakm
sangkalap enjak te mahin tapas. Awi te keleh buli ih ikau."

Terwijl het zweet nog van hem afstroomde en zijn ademhaling nog onrustig was, kwam hij het huisje binnen, ging meteen zitten en vroeg de rest van de vette sprinkhanen. Vanaf het moment dat hij op de akker was achtergebleven, had hij er steeds aan gedacht dat hij die zou eten. "Je kind Paloi heeft ze allemaal opgegeten", zei Indu Paloi met veel spijt. "O wee, wat zijn jullie toch hard tegen mij. Nou, dan zal ik maar gaan scheiden en in het bos gaan wonen. Het schijnt dat jullie niets om mij geven, terwijl ik dodelijk vermoeid ben van het werken in de hitte, die zo erg is op de akker", zei Bapa Paloi, meteen weglopend naar de kant van hun land en in de richting van het bos. Indu Paloi en hun kind zeiden hem dat niet te doen en gingen hem achterna om te proberen hem tegen te houden, maar Bapa Paloi liep heel snel weg en hij was sneller dan zij tweeën. Indu Paloi en haar zoontje kwamen steeds verder achter en Bapa Paloi holde nog steeds, tot ze hem niet meer konden zien.

Toen Bapa Paloi al ver weggehold was, ontmoette hij een grote duizendpoot. Hij zei: "O, duizendpoot, duizendpoot, steek mij!" De duizendpoot antwoordde: "Waarom moet het ongeluk je treffen, dat ik je steken moet?" waarop Bapa Paloi zei: "Het ongeluk moet mij treffen vanwege de vette sprinkhanen [die ik niet heb kunnen aanraken]. Mijn zoontje had niets voor mij bewaard." De duizendpoot antwoordde: "O, die sprinkhanen, die zo klein zijn? Voor je kind is het nog niet genoeg. Iets dat zo klein is hoeft voor jou geen ongeluk te veroorzaken."

Nadat hij dit gehoord had, ging Bapa Paloi weer verder, zijn weg steeds voortzettend. Daar ontmoette hij een grote schorpioen. Z'n schaar was zo groot als een arm en zijn gifstekel als een grote teen, zodat hij angstaanjagend was om te zien. Toen zei Bapa Paloi: "O, schorpioen, schorpioen, steek mij!" De schorpioen antwoordde: "Waarom moet het ongeluk je treffen, dat ik je kwaad moet doen?" En Bapa Paloi zei weer: "Het ongeluk moet me treffen vanwege de vette sprinkhanen. Zopas hebben wij vette sprinkhanen verzameld, maar mijn kind heeft ze allemaal opgegeten." En de schorpioen antwoordde weer: "Och, Bapa Paloi, kalm aan toch. Zijn die vette sprinkhanen niet klein? Voor je kind is het nog niet genoeg. Dat kan jou toch geen kwaad doen?"

Maar Bapa Paloi was nog steeds woedend en vervolgde weer zijn vlucht. Niet lang daarna ontmoette hij een grote vergiftige slang. Die lag opgerold op de wortels van een boom; met zijn hals opgericht keek hij Bapa Paloi aan. Toen sprak Bapa Paloi: "O, slang, slang,

Tapi Bapa Paloi dia terai manjalu dan babuhau tinai bara eka
handipe te. Kadjariae ie sampai eka Batu Nganga melai. Bara kedjau
Batu Nganga te hining auh hiau. "Ngaa... Ngaa... Ngaa... Ngaa."
Baka giring[2] bulu tekok mahining auh. Bapa Paloi manukep te dan
hamauh: "O, Batu Nganga, nelen aku!" "Ngaa... Ngaa... ngaa", auh
Batu Nganga marakang njamae. Bapa Paloi sasar tokep dan sana tokep
toto baun Batu Nganga te salenga, kup, lepah hapus bitin Bapa Paloi
inelen awi Batu Nganga. Tarewen angat Bapa Paloi dan handak balua
tinai, tapi ie djari melai rombak kanain batu nganga.

Indu Paloi ewen ndue hanak manuntut tarus mahuroi djalan idje
injuru awi Bapa Paloi. Sambil mite awan tatap pain Bapa Paloi idje
aton hong petak kisak ewen ndue manandjong tarus. Te ewen ndue
hasondau dengan lalipan idje dengae endau Bapa Paloi hakotak. Ewen
misek ie, kuehkah Bapa Paloi hadari. Lalipan te manjarita akan ewen
ndue taloh handiai tahiu Bapa Paloi djari hakotak dengan lalipan.

Indu Paloi ewen ndue tolak tinai bara hete dan dia tahi limbah te
hasupa dengan kala hai te endau. Ewen misek tahiu Bapa Paloi, te
kala manjarita idje Bapa Paloi djari tende hete handjulu tapi harikas
tinai bara hete dia katawan kankueh maksud. Dengan kapehen atei
Indu Paloi ewen ndue tolak tinai bara hete mahurui awan tatap pain
Bapa Paloi.

Te ewen due sampai kaleka handjaliwan hai. Hete ewen ndue
misek kea kan kueh Bapa Paloi. Handjaliwan manjarita tumun kare[2]
ewen idje helo manjarita Bapa Paloi te akan Indu Paloi. Mahining auh
te Indu Paloi ewen due hanak maradjur djalanae, manggau Bapa Paloi.

Kadjariae ewen due sampai kaleka Batu Nganga idje djari manelen
Bapa Paloi. "Ngaa... ngaa... ngaa..." Tarahining auh Batu Nganga
bara kedjau bakaikeh-ikeh. Awi huange, Indu Paloi dia undur manalih
manukep palus misek: "Atonkah ikau mite Bapa Paloi?" Helo bara
Batu Nganga hamauh, Bapa Paloi mantehau hai auhe balaku awat bara
rumbak Batu Nganga te: "Hetoh aku anak, hetoh aku Indu Paloi,
dohop balua aku bara hetoh."

"Ngaa... ngaa... ngaa" auh Batu Nganga tinai manjelang. "Kilen
ampie itah ndue manduan bapam bara hete?" auh Indu Paloi djungun.

bijt mij!" Waarop de slang antwoordde: "Waartoe? Waarom moet het ongeluk je treffen?" En Bapa Paloi zei: "Het ongeluk moet me treffen vanwege de vette sprinkhanen, omdat ze helemaal opgegeten waren door Indu Paloi en mijn zoontje. Er was helemaal niets over voor mij." Toen antwoordde de slang weer: "Dat is niet genoeg om je wat aan te doen. Voor je zoontje zijn die sprinkhanen nog te weinig. Ga jij dus maar liever naar huis."

Maar Bapa Paloi bleef ontevreden en liep weer weg van de plaats waar de slang woonde. Na enige tijd kwam hij op de plaats, waar zich de spelonk Batu Nganga bevond. Van ver kon je het geluid van de spelonk Batu Nganga horen: "Ngaa... ngaa... ngaa... ngaa." Wie dat hoorde, gingen de nekharen rechtop staan. Bapa Paloi kwam dichtbij en zei: "O, Batu Nganga, slok mij op!" "Ngaa... ngaa... ngaa...", zei Batu Nganga, terwijl hij zijn muil opensperde. Bapa Paloi kwam steeds dichterbij en toen hij vlakbij de ingang van de spelonk was, toen plotseling, hap, de hele Bapa Paloi was opgeslokt door Batu Nganga, de spelonk. Bapa Paloi schrok en wilde er weer uit, maar hij zat al binnen in de buikholte van Batu Nganga.

Indu Paloi en haar zoontje volgden steeds dezelfde weg waarlangs ook Bapa Paloi was gegaan. Terwijl zij de voetstappen van Bapa Paloi in de natte grond volgden, liepen zij met zijn tweeën door. Toen ontmoetten zij de duizendpoot, waarmee Bapa Paloi zopas gesproken had. Zij vroegen hem, waarheen Bapa Paloi was gelopen. En de duizendpoot vertelde hun alles wat Bapa Paloi tegen hem gezegd had.

Indu Paloi en Paloi gingen vandaar weer verder en niet veel later ontmoetten ze de schorpioen van daarstraks. Zij vroegen naar Bapa Paloi en toen vertelde de schorpioen, dat Bapa Paloi daar even had gestopt maar dat hij weer was weggegaan en dat hij niet wist met welk doel. Verdrietig gingen Indu Paloi en haar zoontje weer vandaar, in de richting aangewezen door de voetstappen van Bapa Paloi.

Toen kwamen zij beiden bij de woonplaats van de grote slang. Ook daar vroegen zij waarheen Bapa Paloi was gegaan. En de slang vertelde aan Indu Paloi alles wat Bapa Paloi tevoren had gezegd. Nadat ze dit hadden gehoord, vervolgden Indu Paloi en Paloi hun weg om Bapa Paloi te zoeken.

Na enige tijd kwamen ze bij de plaats waar zich de spelonk Batu Nganga bevond, die Bapa Paloi had opgeslokt. "Ngaa... ngaa... ngaa..." Het geluid van Batu Nganga beangstigde hen al van verre. Door een ingeving ging Indu Paloi niet terug maar kwam dichterbij en vroeg: "Heb je Bapa Paloi ook gezien?" Voordat Batu Nganga wat

Ewen due mendeng kedjau[2] isut bara Batu Nganga te, mikeh buah
tamput inelen. Kadjariae Indu Paloi taraingat Indu Ampit idje tau
mangoan oloh dengan manjangiang. "Has duan minam Indu Ampit
kanih uka mangoan bapam tuh mampalua ie bara rumbak Batu Nganga
tuh", Indu Paloi marentah anake Paloi. Dari[2] Paloi manangguh Indu
Ampit, uka mimbit ie manangguh bapae idje hung rumbak Batu Nganga te. Indu Ampit manjangiang tuntang manandak: "Pit, pit, pit...
mahapit Bapa Paloi, Batu Nganga." Kalote auh te lulang-luli. Maka
Batu Nganga sasar mamisit arepe mahapit bitin Bapa Paloi. Tagal djete
Bapa Paloi mangkariak balaku awat. Te kuan Indu Paloi: "Terai ih
mangoan ie Indu Ampit, ampi dia ulih mandohop." Indu Ampit terai.

Limbah te Indu Paloi manjuhu Indu Tampahas akan mangoan
mandohop Bapa Paloi. Te Indu Tampahas manandak: "Has, has,
has... ngarahas Bapa Paloi, Batu Nganga", lulang-luli. Tagal djete Batu
Nganga dia mampalua Bapa Paloi, tapi ngarahas ie haream, sampai
Bapa Paloi sangit toto. Mite hal te Indu Paloi mampatende Indu Tampahas manandak, tuntang Indu Tampahas tende.

Limbah te Indu Paloi manduan Indu Balida, uka mampalua Bapa
Paloi. Indu Balida te manandak: "Da, da, da... ngalinda Bapa Paloi,
Batu Nganga." Auh te rai[2] lulang-luli. Te Batu Nganga mampalua
Bapa Paloi misut[2] mangalinda Bapa Paloi. Sulake balua isut koloke,
sasar[2] mandai tapi Bapa Paloi hindai kea tau balua lepah biti bara
rumbak Batu Nganga. "Terai ih Indu Balida ikau manandak, keleh
aku manduan Indu Bubut mangat tau mandohop Bapa Paloi tjapat
balua bara Batu Nganga tuh." Indu Balida terai manandak, palus Indu
Bubut induan. Indu Bubut dumah balalu manandak: "But, but, but...
marawut Bapa Paloi, Batu Nganga", lulang-luli auhe. Batu Nganga
mampalua Bapa Paloi misut[2] sampai hapus bitin Bapa Paloi balua
lepah. Mangkeme kalote Bapa Paloi balalu manangkadjuk manang-
karap Indu Paloi. Indu Paloi ewen due hanak mandjidjit Bapa Paloi
hadari bara hete buli huma. Batu Nganga mahiau: "Ngaa... ngaa...
ngaa...... ngaa." Ewen djari kedjau hadari mahakan Batu Nganga,
tuntang tuh djari tokep pasah ewen.

Paham kea angat katarewen Bapa Paloi tagal pangalaman djete.
Tuntang djete madjar ie tinai rahian andau dia purah manjalu, rahas
sangit dia bara mana. Maka Bapa Paloi mandjadi oloh idje bahalap
kilau oloh are.

Limbah sampai huma, balalu Indu Paloi manenga upah laluh akan
ewen dje djadi mandohop. Akan Indu Ampit, inenga ujat baputi palus

zei, riep Bapa Paloi met luide stem en vroeg hulp van binnen uit de spelonk: "Hier ben ik, zoon, hier ben ik, Indu Paloi, help, laat mij hier uitkomen!"

"Ngaa... ngaa... ngaa...", klonk weer met tussenpozen het geluid van Batu Nganga. "Hoe kunnen we je vader daar uit krijgen?" zei Indu Paloi, helemaal in de war. Zij gingen een beetje verder van de spelonk vandaan staan, omdat ze bang waren ook opgeslokt te zullen worden. Na enige tijd schoot Indu Paloi te binnen, dat moedertje Empit [12] door geesten aan te roepen mensen kon helpen. "Vooruit, haal je tante, moedertje Empit, van daarginds, opdat zij je vader uit de holte van Batu Nganga helpt halen", beval Indu Paloi haar zoontje Paloi. Paloi rende weg om moedertje Empit op te zoeken en haar mee te nemen naar zijn vader, die in de holte van Batu Nganga zat. Moedertje Empit riep de geesten aan en zong: "Em, em, em, ...zet Bapa Paloi klem, Batu Nganga." Zo zong zij telkens weer. Maar hoe meer Batu Nganga ineenkromp, destemeer werd Bapa Paloi in elkaar gedrukt. Daarom schreeuwde Bapa Paloi en vroeg om hulp. Toen zei Indu Paloi: "Houd maar op om hem te helpen, moedertje Empit. Het helpt blijkbaar niet." Daarop hield moedertje Empit op.

Daarna gaf Indu Paloi opdracht dat moedertje Tampahoos [13] geroepen moest worden om Bapa Paloi te helpen. Toen zong moedertje Tampahoos: "Hoos, hoos, hoos...... maak Bapa Paloi boos, Batu Nganga", telkens weer. Daardoor spuugde Batu Nganga Bapa Paloi niet uit, maar hij maakte hem nog bozer, zodat hij woedend werd. Toen ze dat zag, liet Indu Paloi moedertje Tampahoos ophouden met zingen; en ze hield op.

Daarna haalde Indu Paloi moedertje Balidoog [14] om Bapa Paloi er uit te laten komen. Moedertje Balidoog zong: "Doog, doog, doog..., houd Bapa Paloi in het oog, Batu Nganga." Dat zei ze, steeds hetzelfde, telkens weer. Batu Nganga spuugde daarop Bapa Paloi een stukje uit, zodat hij hem in het oog kon houden. Eerst kwam er een beetje van zijn schedel tevoorschijn, daarna steeds meer, maar hij kon nog niet in zijn geheel uit de holte van Batu Nganga tevoorschijn komen. "Houd maar op met zingen, moedertje Balidoog, laat ik moedertje Buibuit [15] maar halen om te helpen Bapa Paloi snel uit Batu Nganga

---

12 In het dajaks heet zij Ampit - het rijstvogeltje - maar terwille van het rijm is de naam veranderd in Empit.
13 De *tampahas* is een grote vis.
14 De *balida* is een platvis met veel graten.
15 De *bubut* is een vogel met lange staart en brede vleugels.

akan tutuke. Indu Tampahas manarima balasai ilit, tagal te kea
kanain tampahas sampai tuh hai. Upah akan Indu Balida ie te pilus,
tuntang djete sababe lauk balida are tulange; tuntang Indu Bubut
mandinu laluhe bara Indu Paloi iete idai akan palapas. Bara katika te
palapas burung bubut lombah kilau[2] idai atawa hempeng.

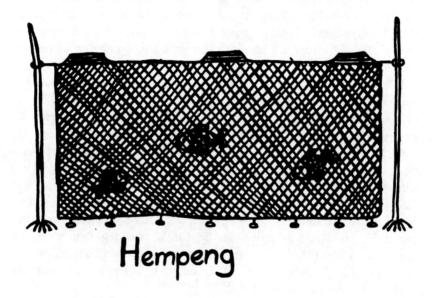

Hempeng

6. BAPA PALOI METON KOLOK BADJANG HUNDJUN TUNGGUL

Metuh Bapa Paloi ewen ndue malan mambawau tana, maka ason
ewen due telo kungan malajap akan saran tana. Ampie aton ewau
meto tokep. Karana dia tahi limbah te ason ewen mangang, manggoang idje kongan badjang hai. Limbah pire[2] katahie mangang manggoang, badjang te manahan tuntang hining auh tuhun ason ewen te.
Bapa Paloi hadari manggoang auh pangang aso tuntang manjelek
manokep badjang te. Apik toto Bapa Paloi manjelek te, sampai badjang dia gite atawa mahining auh Bapa Paloi dumah. Sana tokep
toto Bapa Paloi mambelas lundju monintu badjang te tuntang djete
buah eka papaten, karana dia kedjau bara hete, limbah due telo takeru,
badjang te balihang. Badjang te matei awi Bapa Paloi palus Indu Paloi
kea dumah manalih. Ewen mangoan badjang te, maraga manamea

te laten komen." Moedertje Balidoog hield op met zingen en haalde meteen moedertje Buibuit. Moedertje Buibuit kwam en begon meteen te zingen: "Buit, buit, buit..., trek Bapa Paloi eruit, Batu Nganga"; telkens weer klonk het. Batu Nganga spuugde Bapa Paloi uit, beetje bij beetje, tot hij er helemaal uit was. Toen hij dat voelde, sprong Bapa Paloi naar Indu Paloi en greep haar vast. Indu Paloi en hun zoontje trokken Bapa Paloi mee en renden vandaar naar huis terug. Batu Nganga riep: "Ngaa... ngaa... ngaa... ngaa..." Maar zij waren toen al ver weggerend op hun vlucht voor Batu Nganga en al dichtbij hun huisje.

Door dit gebeuren was Bapa Paloi erg geschrokken. Het leerde hem om voortaan niet zo gemakkelijk ontevreden te zijn en niet meer zo buitensporig boos te worden. En zo werd Bapa Paloi even verstandig als andere mensen.

Nadat ze thuisgekomen waren gaf Indu Paloi onmiddellijk het loon aan degenen die haar geholpen hadden. Aan moedertje Empit gaf zij een witte hals helemaal tot aan de bek. Moedertje Tampahoos ontving een dichtgevlochten biezen mand; daarom heeft de *tampahas* tot op deze dag een grote buik. De beloning voor moedertje Balidoog was een naainaald; en dat is de reden dat de *balida* zoveel graten heeft. En moedertje Buibuit kreeg als beloning een stuk bamboevlechtwerk; vanaf die tijd zijn de vleugels van de *bubut* zo breed als het bamboevlechtwerk van een *hempeng*fuik.[16]

6. HOE BAPA PALOI PROBEERT EEN HERTEKOP OP EEN BOOMSTOMP WEG TE DRAGEN

Toen Bapa Paloi en zijn vrouw aan het wieden waren op hun akker, liepen hun drie honden wijd om het bouwland heen. Blijkbaar hadden ze de lucht gekregen van een dier, dat dichtbij was. Want niet veel later begonnen de honden aan te slaan; ze achtervolgden een groot hert. Nadat ze het een hele tijd al blaffend achtervolgd hadden, kregen ze het te pakken; dat was te horen aan het voortdurend geblaf van de honden.

Bapa Paloi ging op het geluid van de honden af en naderde het hert al sluipend. Zó voorzichtig sloop Bapa Paloi dat het hert niet zag of

[16] De *hempeng* is een vlechtwerk waarmee een klein riviertje geheel kan worden afgesloten. De van stroomopwaarts komende vissen kunnen daar naar toe gedreven en gevangen worden. Zie illustratie.

akan rambat tuntang keba lepah[2]. Tapi kolok dia ulih tame tuntang
djete lalau badjangkang amon tame keba. "Nauh djikau pelai hong
totok tunggul. Kareh ikau duae tinai", koan Indu Paloi. Balalu ewen
ndue mimbit kare rambat tuntang keba idje basuang te buli pasah.

Intu pasah Indu Paloi manggaran kentjeng barapi manampa ramon
badjang akan indu balut te. Bapa Paloi mundok ture[2] manampajah
gawi te. Te koan Indu Paloi dengae: "Has, hamparea ikau tolak manduan kolok badjang idje hundjun tunggul te ?" "Ijoh, tolak aku",
koan Bapa Paloi. "Ela ikau tahi, djeleng itah kuman, karana andau kea
djari ambu", koan Indu Paloi tinai.

Bapa Paloi tolak manintu kaleka kolok badjang te. Sampai hete ie
manampa awis bara upak kaju baru, palus mangkepae intu tunggul
palus ie mentang. Tunggul te puna magon taheta awi te magon dehen
uhat. Bapa Paloi mandak djadjakan pai hong eka idje dia malisen
palus mantjoba manggatang arep meton tunggul te dengan salepah
kaabas. "Puuut", auh ketut Bapa Paloi balua. "Idje uhat djari bageto", koan Bapa Paloi. Ie mangira auh ketut te nah, djete auh uhat
tunggul eka kolok badjang te bageto. Limbah malajan handjulu ie
mantjoba tinai manggatang arep meton tunggul te dengan salepah

Keba

kaabas."Puuut", koan ketut tinai balua. "Idje tinai uhat tunggul tuh
djari bageto. Dia kea tunggul tuh akan baruat", pikir Bapa Paloi hong
atei. Piro? kali Bapa Paloi djari mantjoba, tapi tunggul te hagerek
mahin dia. Bahan Bapa Paloi djari bahandang tagal awis te; uhat
kanai kantjang awi kakaras basanam; ebes tarak[2]a awi kaujuh mawi
hal te.

hoorde dat hij eraan kwam. Toen Bapa Paloi heel dichtbij was, wierp hij zijn speer naar het hert, dat dodelijk werd getroffen; want niet ver vandaar, na twee of drie sprongen, viel het om. Nadat Bapa Paloi het hert had gedood, kwam ook Indu Paloi er naar toe lopen. Zij maakten het hert gereed voor gebruik, hakten het in stukken en stopten die in de draagmanden, een *rambat* [17] en een *keba* [18]. Maar de kop kon er niet bij, want die nam te veel plaats in als hij in een *keba* gestopt werd. "Het is ook wel goed als je hem bovenop die afgeknotte boom legt. Straks haal je hem dan", zei Indu Paloi. Meteen brachten zij samen de volle *rambat* en *keba* naar de hut.

Binnen zette Indu Paloi de rijstpan op het vuur om te koken en zij begon het hertevlees klaar te maken tot een bijgerecht. Bapa Paloi ging zitten en bleef naar haar bezigheden staren. Toen zei Indu Paloi tegen hem: "Kom, wanneer ga je de hertekop, die bovenop die boomstomp ligt, eens halen?" "Ja, ik ga al", zei Bapa Paloi. "Blijf niet lang weg, we gaan gauw eten, want de zon staat al hoog", zei Indu Paloi weer.

Bapa Paloi vertrok naar de plaats van de hertekop. Daar aangekomen, maakte hij van verse boombast een draagband, bevestigde deze terstond aan de stam en probeerde hem op te tillen. Het was echter een boom waar de top pas afgekapt was; daarom zaten de wortels nog stevig vast. Bapa Paloi zette zijn voetzool op een plaats die niet glad was en probeerde toen, door zich af te zetten, de boom met al zijn kracht weg te trekken. "Puuut", klonk het geluid van een wind die hij liet. "Eén wortel is al gebroken", zei Bapa Paloi. Hij dacht, dat het geluid van die wind, daarnet, het geluid was van een brekende wortel van de boomstomp waarop de hertekop lag. Nadat hij eerst een beetje gerust had, probeerde hij weer, door zich af te zetten, de boomstomp op te tillen met al zijn kracht. "Puuut", klonk er weer een wind. "Wéér een wortel van de stam gebroken. Deze stam zal niet door andere kracht worden ontworteld dan door de mijne", dacht Bapa Paloi bij zichzelf. Maar hoe vaak Bapa Paloi het ook probeerde, toch was die boomstomp niet te bewegen. Bapa Paloi's schouder werd al rood door de trekband; de spieren van zijn buik waren gespannen door het sterk inhouden van de adem; en het zweet brak hem uit omdat hij zo moe werd van dit werk.

Indu Paloi zat allang te wachten, de rijst en het andere eten waren

---

[17] *rambat* - een kleine cilindervormige opengewerkte rotandraagmand, die op de rug gedragen wordt; zie illustratie.
[18] *keba* - een grote rotandraagmand; zie illustratie.

Indu Paloi djari tahi mentai, bari panginan uras djari masak sadia, tapi Bapa Paloi djaton ati buli[2] pasah tuntang andau djari balihang. "Keleh[2] amon dia dumah kahumung tinai, Bapa Paloi tuh", koan Indu Paloi huang atei. Awi dia katarenan angat mentai Indu Paloi tolak tinai akan tana manangguh kaleka Bapa Paloi manduan takolok badjang te.

Sana sampai hete Indu Paloi mite Bapa Paloi rekut[2] kadjariae mumah tunggul te dengan awis. Djaton mauh[2] Indu Paloi manokep ie, palus "plang" kolok Bapa Paloi buah kapek. Bapa Paloi tarewen palus barendeng idje gawie te puna gawin oloh humung. Kalote ie terai mumah tunggul te palus manduan takolok badjang bara hundjun tunggul te metue akan pasah buli. Katahin manandjong bara hete sampai pasah Indu Paloi mambitak ie maningak gawie idje humung te. Bapa Paloi suni ih dia ati tombah narai[2], karana auh Indu Paloi te toto.

Ewen sampai pasah tinai palus kuman belum dengan lawan toto awi balut mangat.

7. BAPA PALOI MANJAHOKAN AREP HUNG RUMBAK LUNTUNG

Bapa Paloi handak tolak satiar. Ie manjoho Indu Paloi manatap kare behas bahatae. Djete djari tatap, baja hindai injuang akan basian bewei. Limbah te Indu Paloi haguet akan tana handjulu balaku taloh isut ramun tana akan bahatan Bapa Paloi kea. Bapa Paloi melai intu huma. Metuh Indu Paloi lagi hung tana, maka Bapa Paloi musik behas idje magon aton hundjun kiap akan bahatae te, sambil manjumput kumae. Misut[2] ie manjuap djete, tuntang kameae mangat, maka djete injumput tinai, sampai ie dia katawan behas te salenga lepah kinae. Kanai gembung hai kantjang kilau kanain oloh iname riwut awi kabesuh.

Dia tahi limbah te Indu Paloi dumah mimbit kare sajur, bua rimbang, terung akan manjukup bahatan Bapa Paloi. Mahining Indu Paloi dumah, maka Bapa Paloi mikeh, palus manjahokan arep intu balikat atep. Amon Indu Paloi lumpat tame huma manggau Bapa Paloi djaton ati intu huma, maka Bapa Paloi sasarenan angat intu balikat atep te, awi paham kikeh dengan Indu Paloi. Indu Paloi hengan mite kiap buang, behas lepah lingis dan aton dawa[2] intu atei iete aton oloh papa dumah masang eka ewen te. Kandjeran Indu Paloi ture[2] mite taloh idje djari mandjadi te, Bapa Paloi mangetut hai auh bara balikat atep te.

allemaal al klaar, maar Bapa Paloi was nog niet terug in de hut en de avond begon al te vallen. "Als hij maar niet weer iets doms uithaalt, die Bapa Paloi", zei Indu Paloi bij zichzelf. En omdat ze het wachten niet langer kon uithouden, ging Indu Paloi weer naar hun akker, naar de plek waar Bapa Paloi de hertekop moest halen.

Toen ze daar kwam, zag ze dat Bapa Paloi zich gebogen had om de boomstam met een draagband op te lichten. Indu Paloi zei helemaal niets, terwijl ze dichterbij kwam, maar plotseling... *plang*... kreeg Bapa Paloi een draai om zijn oren. Bapa Paloi schrok en het werd hem ineens duidelijk dat hij bezig was iets doms te doen. Daarom hield hij ermee op te proberen de boomstam op zijn rug te nemen, maar hij nam de hertekop van de stomp af en droeg hem naar de hut. De hele weg van daar naar de hut bleef Indu Paloi hem uitschelden en op zijn kop geven vanwege zijn domme streek. Bapa Paloi zweeg maar en antwoordde niets, want Indu Paloi had gelijk.

Toen ze weer thuisgekomen waren, gingen ze meteen eten, met veel smaak, want de bijgerechten waren heel lekker.

7. BAPA PALOI VERSTOPT ZICH IN EEN LONTONG

Bapa Paloi wilde erop uitgaan om rotan uit het bos te halen [19]. Hij droeg Indu Paloi op een rijstmaaltijd voor hem als proviand klaar te maken. Toen de rijst klaar was, moest er alleen nog een uit riet gevlochten zakje mee gevuld worden. Maar eerst ging Indu Paloi nog even naar de akker om ook wat groente voor Bapa Paloi's proviand te halen. Bapa Paloi bleef thuis. Terwijl Indu Paloi nog op de akker was, begon Bapa Paloi te spelen met de rijst, die nog op de wan lag als proviand voor hem, en hij nam er met zijn vingers een beetje van om op te eten. Beetje bij beetje bracht hij het naar zijn mond; hij vond het lekker en daarom nam hij nog wat, totdat de rijst, vóór hij het wist, helemaal op was. Zijn buik was dik en gespannen van volheid, als van mensen wier buik opgezet is van wind.

Kort daarop kwam Indu Paloi met allerlei groente, *rimbang*vruchten en aubergines, om de proviand van Bapa Paloi aan te vullen. Toen hij Indu Paloi hoorde komen, werd Bapa Paloi bang en hij verstopte zich meteen achter de deur. En toen Indu Paloi het huis binnenkwam en

---

[19] *satiar* - werken - wordt gebruikt als men iets oogst om te verruilen of te verhandelen, hier waarschijnlijk: om rotan uit het bos te halen.

Auh ketut Bapa Paloi te kilau auh sampeung, maka djete paham manarewen Indu Paloi, injangka sampeung asang. Te koae dengan anak
Paloi: "Hakajah anak, aton sang tokep; mbadai bapam djaton ati
hung huma tuntang behas idje intihku akan bahatan bapam lepah induan ewen. Tatap arep itah, kare ramon itah, mangat hadari akan
lewu." "Metuh te puna aton kabar[2] angin idje manahiu asang akan
oloh are, tuntang djete paham mampikeh pikiran oloh are. Genep
garisik taloh tuntang taloh idje mamias auh, djete tau injewut oloh auh
asang. Keadaan djete buah Indu Paloi kea, iete pikiran ajue kea
inawan awi kikeh dengan asang te.

Indu Paloi ewen ndue hanak kadjeng[2] manatap ramu, mamuat te
intu luntung. Lambak ewen ndue deruh dengan taloh hapae te, maka
Bapa Paloi hadari tinai bara balikat atep, manjuang arep hung rumbak
luntung hai ain Indu Paloi te. Ie manawun arep hete dengan kare
taloh hapan idje djari injuang Indu Paloi. Karana Bapa Paloi indahang
tinai kikeh, awi Indu Paloi manjewut aton asang dumah, maka ie kea
dia maku melai kabuat intu pasah te. Ie kea handak umba akan lewu,
tapi mamparahan arep akan Indu Paloi ie dia maku mikeh buah lait

Lontong

Indu Paloi. Awi te ie manjahokan arep intu rumbak luntung bewei,
mangat kareh amon luntung iangkat akan lewu te ie kea tamput umba.

Dia tahi limbah te Indu Paloi djari tatap. Anak mumah luntung
kurik, Indu Paloi mumah luntung idje hai kaleka Bapa Paloi mamuat
arep kea. Ie mangkeme luntung te paham babehat, mahin kalote ie

Bapa Paloi begon te zoeken, omdat hij er niet was, voelde Bapa Paloi zich steeds benauwder achter die deur, omdat hij erg bang was voor Indu Paloi. Indu Paloi was verbaasd te zien dat de wan leeg was en dat de rijst helemaal op was. In haar hart vermoedde ze, dat er slechte mensen gekomen waren, die hun dorp hadden aangevallen. Terwijl Indu Paloi scherp keek naar wat er gebeurd was, liet Bapa Paloi, achter de deur, een luide wind. Het geluid van Bapa Paloi's wind was als het geluid van een blaasroer [20]; en dat verschrikte Indu Paloi erg, omdat ze dacht dat het een blaasroer van de vijanden was. Toen zei ze tegen haar zoontje Paloi: "O wee, kind, er zijn vijanden vlakbij. Dáárom was je vader niet in huis; en de rijst, die ik als proviand voor hem had klaargemaakt is door hen opgegeten. Laten we ons gereedmaken om met ons hebben en houwen naar het dorp te vluchten." In die tijd gingen er geruchten over vijanden onder de mensen en dat maakte hen erg bang. Ieder geritsel en ieder vreemd geluid werd door de mensen aan de vijanden toegeschreven. Deze toestand had ook op Indu Paloi zijn invloed, zodat haar gedachten gevangen waren in de angst voor vijanden.

Indu Paloi en haar zoontje maakten haastig hun spulletjes gereed en pakten ze in een *lontong* [21]. Terwijl zij beiden druk bezig waren met het huisraad, vluchtte Bapa Paloi weer weg van achter de deur en verstopte zich in de grote *lontong* van Indu Paloi. Hij bedekte zich daarin met alle huisraad die Indu Paloi er al ingestopt had. Want Bapa Paloi was nog banger geworden, omdat Indu Paloi gezegd had dat de vijanden kwamen, en hij wou dus niet alleen in de hut blijven. Hij wilde óók mee naar het dorp, maar wou zichzelf niet laten zien aan Indu Paloi, omdat hij bang was voor haar woede. Daarom had hij zich maar verstopt in de *lontong*, opdat hij straks, als de *lontong* werd opgenomen, ook mee zou gaan naar het dorp.

Even later was Indu Paloi klaar. Het kind nam de kleine *lontong* op de rug, Indu Paloi de grote, die waarin Bapa Paloi zichzelf had verstopt. Ze voelde dat de *lontong* erg zwaar was; desondanks dacht ze er niet over hem uit te pakken en de helft van de dingen eruit te gooien, maar ze nam hem met kracht op, terwijl ze het huis uitvluchtte. Niet ver van hun huis zakte ze echter al achterover, omdat die *lontong* zo zwaar was. De *lontong* stootte van onderen tegen een boomwortel van hard hout. Dat deed Bapa Paloi, die in de *lontong* zat, pijn. Maar

---

[20] *sipet* - een lange holle lans, waardoor men vergiftigde pijlen blaast.
[21] *lontong* - een van rotan gevlochten mand met deksel, die op de rug gedragen wordt; zie illustratie.

djaton ati mungkar mampalua ramu bara hete tengah belah, tapi metun djete dari[2] balua huma mantjap arep. Tapi dia kedjau bara huma ie takunduk akan hila likut tagal kabehat luntung te. Luntung te tatekan kanpenda buah uhat kaju batekang. Djete pehe akan Bapa Paloi idje aton intu huang luntung te. Tapi ie magon manjarenan tuntang dia maku guet[2] intu luntung te.

Indu Paloi harikas tinai mumah luntung te. Ie metun te dengan salepah kaabas, te pire[2] kakedjau manandjung mantekan luntung te tinai awi kapaham kabehat. Haluli tinai Bapa Paloi kilau ihampas dengan uhat kaju. Awi kakaras angat sarenan kapehe, maka Bapa Paloi takahit intu rumbak luntung te. Metuh Indu Paloi manggatang luntung te tinai maka taragitae aton taloh mahasur bara para luntung. "Kajah, anak, kasan undus itah pusit; tampunan akae, sajang nihau; tuntang laku akan mundus kolokm", koan Indu Paloi dengan anak. Paloi manumun auh Indue te, ie manantalai undus te dengan idje mangkok, tuntang muhus kolok dengan undus te. "Hau, kilen maka undus ewau ranteng, umai?" koan Paloi hengan.

Indu Paloi malekak luntung te hung petak, palus mungkar huang, mite narai idje batusuh hung hete. Sana iungkar, te gitae Bapa Paloi aton rekut[2] rumbak luntung te dia ati guet[2]. Indu Paloi rahas toto; tuntang tagal kasangit te ie mambaring luntung te akan sungei idje aton saran djalan te. Bapa Paloi tarewen tagal djete dan mandjato akan sungei. "Plung" auh djaton Bapa Paloi hung danum; maka hajak te kea kare kabuntat kahumung balua akan sungei bahantung hajak dehes sungei te. Limbah te Bapa Paloi mandjadi oloh idje harati dia kilau helo te.

8. BAPA PALOI TOLAK MANETES

Sinde andau Bapa Paloi tolak manetes. Kare balut bahatae uras iandak intu kusak, bari pisau tangking limbah iasa uras tatap palus tolak mambesei manangguh kaleka kabon uei. Benteng djalan ie mite aton badjang hai, batiruh mangat saran batang danum. Ampie badjang te limbah mihup danom, palus mampeter arep batiruh hete. Bapa Paloi manokep badjang te, tapi badjang te dia ati misik[2] harikas, batiruh bewei, dia mangira aton oloh tokep ie.

"Hakajah kahai, tanduk pampang djahawen", koan Bapa Paloi handjak. "Amon aku mampatei tuh, te tanduk induan akan kastuk eka

hij verdroeg het nog en zorgde ervoor dat hij zich niet bewoog in de *lontong*.

Daarna ging Indu Paloi weer verder en nam de *lontong* weer op haar rug. Ze droeg hem met al haar kracht. Toen, nadat ze een heel eind gelopen had, zette ze hem weer op de grond, omdat hij zo zwaar was. Weer werd Bapa Paloi als het ware geslagen door een boomwortel. Omdat hij erge pijn leed, deed Bapa Paloi binnen in de *lontong* een plas. Toen Indu Paloi de *lontong* weer optilde, zag ze dat er iets onder uit de *lontong* stroomde. "O wee, kind, onze oliefles is gebroken. Vang het op, het is jammer als het verloren gaat; gebruik het om je hoofd ermee in te smeren", zei Indu Paloi tegen haar zoontje. Paloi deed zoals zijn moeder zei, hij ving de olie op in een kopje en wreef zijn hoofd ermee in. "Hee, moeder, hoe komt het, dat de olie naar pis ruikt?" zei Paloi verbaasd.

Indu Paloi zette de *lontong* op de grond en begon er meteen in te rommelen, om te zien wat er eigenlijk lekte. Toen ze begon uit te pakken, zag ze meteen dat Bapa Paloi, in elkaar gedoken, binnen in de *lontong* zat zonder zich te bewegen. Indu Paloi werd heel boos; en omdat ze zo woedend was, kiepte ze de *lontong* om naar de kant van de rivier die langs het pad liep. Bapa Paloi schrok daarvan en viel in de rivier. Ploem, klonk het, toen Bapa Paloi in het water viel. En tegelijkertijd stroomden alle tekortkomingen en domheid de rivier in en dreven weg met de sterke stroom van de rivier. Daarna werd Bapa Paloi een verstandig mens, niet meer zoals vroeger.

8. BAPA PALOI GAAT ER OP UIT OM ROTAN TE SNIJDEN

Op een dag ging Bapa Paloi rotan snijden. Hij deed zijn proviand, rijst met bijgerechten, allemaal in een biezentas, omgordde zich met zijn mes, nadat hij het had geslepen, en toen dat allemaal klaar was, begon hij te roeien naar de plaats waar zijn rotantuin lag. Onderweg zag hij een groot hert, dat rustig lag te slapen aan de oever van de rivier. Nadat het water gedronken had, was het blijkbaar meteen gaan liggen om daar te slapen. Bapa Paloi naderde het hert, maar het werd helemaal niet wakker om weg te lopen, het sliep maar door en merkte niet dat er een mens dichtbij was.

"Wat geweldig groot, het gewei heeft zes vertakkingen", zei Bapa Paloi verheugd. "Als ik hem dood, kan het gewei als kapstok gebruikt worden om allerlei gebruiksvoorwerpen aan op te hangen." En meteen

mangkuak kare taloh hapan." Palus ie mangkuak kare kusak sarangan bahatae, limbah te pisau tangking tuntang kea badju kabuat.

Te koae tinai: "Kilen ampie aku mampatei badjang tuh. Amon aku manedjep kanai, te rusak upak dia tau innguna akan oloh panjamak. Amon aku manedjep tikang, te sajang tikang, tuntang pasti dia akan matei awi tahaseng aton intu rumbak kanai. Tapi amon ie matei te aku kareh maragae, puntung akan kinan njehei, puntung akan pundang, tuntang kanai impakasak mangat². Kilen ampie mampatei tuh?" Kalote ie lulang luli mangaliling badjang te sambil bunum² hamauh.

Kadjariae badjang te misik palus harikas hadari. "Ela helo, entai helo. Pelai kusak bahatangku kare pisau tangkingku aton intu tanduk", kariak Bapa Paloi madu mangahana badjang te hadari. Mahining auh tangkariak Bapa Paloi, mahi² badjang hadari manangkadjuk kedjau. Bapa Paloi berusaha mimbing ikuh, sambil hamauh balaku badjang te ela hadari tuntang mampelai bari bahatae tuntang pisau. Tapi dia kedjau bara eka hete ie buah takir badjang bahimang dan mandjatu akan petak tinai. Untung dia kea lalau paham himang tuntang kapehe.

Tapi Bapa Paloi puna ujuh tuntang heka tagal gawi djete. Kare bahatae uras lepah tamput imbit badjang hadari. Kalote ie tarapaksa buli buang bewei djaton ati mimbit idje kadereh uei buli huma. Sampai huma Indu Paloi paham malait ie tapi Bapa Paloi tatap Bapa Paloi ih, bahali toto mubah hadat langkasae idje aneh te. Ie tau hubah amon ati hal² idje istimewa karas buah ie.

9. BAPA PALOI DENGAN TATO GERASI

Indu Paloi sinde andau manantang ewah bahandang akan Bapa Paloi. Sana djadi ewah te ingkepan awi Bapa Paloi. Awi kahandjak ie bigal²a hapus huma sambil hamauh: "Kamanangku ewah djarak... Kamanangku ewah djarak... Kamanangku ewah djarak." Kalote ie bigal²a sambil hamauh balua huma palus hapus lewu. Oloh lewu sama hengan mite ampin tjara Bapa Paloi kalote. Tengah belah maningak ie terai kalote, tapi tengah belah manjorak manantawe ie. Bapa Paloi

hing hij de tas met proviand eraan, en het mes, dat hij zich aangegord had en ook zijn eigen hemd.

Toen zei hij weer: "Hoe zal ik dit hert nu doodmaken? Als ik hem in zijn buik steek, dan gaat de huid kapot en kan niet gebruikt worden door de leerlooiers. Als ik hem in zijn poot tref, dan is het jammer van de poot en hij zal er zeker niet van doodgaan, want de adem zit in de buikholte. Maar als hij dood is, straks, dan zal ik hem in stukjes snijden, een gedeelte om geroosterd gegeten te worden en een gedeelte om te zouten en te drogen, en het vlees aan de buik zal heel lekker zijn als het gekóókt is. Maar hoe zal ik hem nu toch doden?" Zo liep hij, in zichzelf pratend, heen en weer rondom het hert.

Toen werd het hert wakker en ging er meteen vandoor. "Ho, wacht eens even! Laat mijn proviandtas en mijn mes, die aan je gewei hangen, hier achter!" Bapa Paloi dacht, dat hij door zijn geschreeuw het hert kon tegenhouden. Maar toen het hert dat geschreeuw van Bapa Paloi hoorde, liep het nog harder en sprong verweg. Bapa Paloi probeerde de staart vast te houden, terwijl hij naar het hert riep en het vroeg om niet weg te lopen en zijn rijstvoorraad en mes achter te laten. Niet veel verder werd hij echter door een hoef van het hert getroffen en gewond, zodat hij op de grond viel. Gelukkig waren de wond en de pijn niet zo erg.

Maar Bapa Paloi was door deze gebeurtenis wel moe en uitgeput. En het hert had zijn hele rijstvoorraad meegenomen toen het wegliep. Zo moest hij wel zonder iets naar huis terugkeren; hij had nog niet één stuk rotan bij zich. Toen hij thuiskwam, schold Indu Paloi hem erg uit; maar Bapa Paloi blijft nu eenmaal Bapa Paloi, hij verandert zijn vreemde gewoonten heel moeilijk. Hij kan alleen maar veranderen als een zeer schokkend voorval hem treft.

9. BAPA PALOI BIJ TATO GERASI

Op een dag weefde Indu Paloi een rode lendendoek voor Bapa Paloi. Zodra die lendendoek klaar was, deed Bapa Paloi hem aan. Omdat hij blij was, danste hij door het hele huis, terwijl hij riep: "Ik heb een rode lendendoek gekregen... ik heb een rode lendendoek gekregen... ik heb een rode lendendoek gekregen." Zo dansend en roepend ging hij zijn huis uit en het hele dorp door. De mensen in het dorp verbaasden zich over Bapa Paloi's manier van doen. Sommigen vermaanden hem om op te houden zo te doen, maar anderen juichten

dia paraba auh oloh dengae tuntang tatap ih hamauh bigal²a: "Kamanangku ewah djarak."

Umbet katahie ie sampai idje djalan lumbah limbah balua lewu. Ie tatap ih bigal²a handjak kilau oloh kasarungan mahurui djalan te tuntang dia katawan djalan narai idje ihurui te. Djalan te djalan kambe hai idje bagare Tato Gerasi. Tato Gerasi bawi hatue aton batiruh lawin djalan te, tangai² bentuk djalan te.

Kadjariae Bapa Paloi sampai hete tatap bigal²a tuntang dia katawan talo en² atawa mite taloh narai² idje ihurui. Te ie tarakidjak kanain sawan Tato Gerasi te, idje metuh kamangat batiruh. Djete tarewen, mangkeme kanai pehe dan hamauh: "Hakajah antai, kapehe angat kanaingku tuh, kilau angat oloh handak manak."

Bapa Paloi idje mangkidjak kanain Tato Gerasi te, labih tinai katarewe tuntang paham mikeh. Karana tuh ie harun katawan, idje ie djari lajang sampai lewun kambe, idje paham ingikeh awi oloh are. Bapa Paloi balihang, palus tapeter hambudjur helang pain Tato Gerasi idje bawi te. Ie mahining auh bawin Tato Gerasi te idje manjewut arep handak manak, maka hemben te kea Bapa Paloi akal manjaruwa arep kilau idje anak awau. Te Bapa Paloi hamauh kilau anak awau: "Huaaa... huaaa... huaaa... huaaa..."

Tato Gerasi idje hatue harikas munduk mahining aton auh tangis anak awau dan mite aton oloh tapeter helat pain sawae te. "Ampie ikau toto manak, dan hatue, antai", koan Tato Gerasi idje hatue. Dengan handjak toto ie mangkat Bapa Paloi bara hete tuntang manjangka djete anak ajue toto. Ie mampandoi mamparasih akan sungei, te Bapa Paloi manangis tinai kilau anak awau: "huaaa... huaaa... huaaa... huaaa..." sasar rantjak tuntang hai auh. Tato Gerasi mambungkus ie hapan benang bahalap, mampeter ie batiruh buah². Bapa Paloi pura² ih batiruh, tapi hung atei puna maniruk kilen ampie liwus bara eka tjelaka te. Handak ie hadari, dia maka ie ulih sampai huma, awi ingkang Tato Gerasi te pandjang toto. Djadi ie, mentai ih dengan atei idje basarah bewei.

Ampie Tato Gerasi pertjaja toto dengan dugaan aju te, idje Bapa Paloi te anak ewen ndue. Kalote ie dengan karadjie mian Bapa Paloi kilau mian anak awau tuntang kindjap manimang dengan auh idje manis. Aton kea kahengae, tagal Bapa Paloi djari habulu hung bagian bereng. Aloh kalote mahin ie manimang anak te dengan kahandjak

en lachten om hem. Bapa Paloi gaf er niet om wat de mensen tegen hem zeiden en hij riep al dansend nog net zo: "Ik heb een rode lendendoek gekregen."

Even later, nadat hij het dorp was uitgegaan, kwam hij bij een tamelijk brede weg. Nog steeds liep hij vrolijk te dansen, als een bezetene, en volgde die weg zonder te beseffen waar die weg wel naar toe ging. Het was de weg naar de reuzenfamilie, Tato Gerasi genaamd. Tato Gerasi, man en vrouw, lagen te slapen aan het einde van die weg, op hun rug liggend, midden op de weg.

Toen Bapa Paloi daar aankwam, was hij nog steeds aan het dansen. Hij was niet bij zinnen en zag niets van de omgeving die hij passeerde. Toen trapte hij, zonder het te weten, op de buik van de vrouw van Tato Gerasi, die lekker lag te slapen. Ze schrok toen ze de pijn in haar buik voelde en riep: "O wee, naamgenoot, ik voel zo'n pijn in mijn buik, alsof ik een kind moet krijgen."

Bapa Paloi, die op de buik van Tato Gerasi had getrapt, schrok nog meer en hij werd erg bang. Want nu begreep hij pas, dat hij was verdwaald naar het dorp van de geesten, waarvoor de mensen altijd erg bang zijn. Bapa Paloi liet zich omvallen en bleef tussen de benen van Tato Gerasi, de vrouw, liggen. Toen hij de vrouw, Tato Gerasi, hoorde zeggen dat ze een gevoel had alsof ze een kind moest krijgen, op dat moment ging hij als list net doen alsof hijzelf een baby was. Daar begon Bapa Paloi te huilen als een baby: "èèèè…"

Tato Gerasi, de man, ging zitten toen hij het gehuil van een baby hoorde en zag dat er iemand tussen de benen van zijn vrouw lag. "Je hebt inderdaad blijkbaar een kind gekregen en wel een jongetje, naamgenoot", zei Tato Gerasi, de man. Verheugd nam hij Bapa Paloi op en hij dacht dat het echt zijn kind was. Hij baadde en waste hem in de rivier en Bapa Paloi begon weer te huilen als een baby: "èèèè…", steeds vaker en luider. Tato Gerasi wikkelde hem in een mooie doek en legde hem zorgvuldig neer om te slapen. Bapa Paloi deed alsof hij sliep, maar in zijn hart piekerde hij er natuurlijk over, hoe hij zichzelf uit deze ongeluksplaats zou kunnen bevrijden. Al zou hij willen weglopen, hij zou zijn huis toch nooit kunnen bereiken, want de stappen van Tato Gerasi waren heel groot. Daarom bleef hij maar, er zich bij neerleggend in zijn hart.

Blijkbaar geloofde Tato Gerasi echt in zijn veronderstelling dat Bapa Paloi hun kind was. Zo paste hij graag op Bapa Paloi zoals men op kinderen past, en vaak gaf hij hem lieve naampjes met een zachte stem. Hij verwonderde zich wel dat Bapa Paloi al een behaard lichaam

atei sambil hamauh: "Kamanangku anakku hatue, rabuk², remeng²
babulu dada." Kalote ie mandak Bapa Paloi hung lukap mambung ie
akan hundjun, manjium mamaluk ie kilau gawin oloh biasa dengan
anak awau. Djari pire² bulan katahie Bapa Paloi melai umba raksasa
Tato Gerasi te tuntang impamandja haliai. Tato Gerasi te manggau
panatau bara kanih kante imbit akan anak, Bapa Paloi te, akan gunan
mandjaga anak ewen te hai. Kasih sajang raksasa te dengan Bapa
Paloi puna paham toto. Dia pudji Bapa Paloi te mangkeme kapehe
atawa ilait awi Tato Gerasi te. Amon Bapa Paloi mandui te ie manggatang Bapa Paloi akan batang danum tuntang mandjaga ie bele aton
bahaja. Kadjariae Bapa Paloi tau kea hakotak djapet²a kilau anak
oloh idje harue tau hakotak. Mahi² kahandjak Tato Gerasi mite anak
te idje djeleng tau hakotak dan ingira anak te kareh bakal oloh idje
pintar harati.

Sinde andau Bapa Paloi takenang Indu Paloi dengan anak Paloi.
Bau kelut² tuntang handak manangis awi kataharue, haban² ampin
tampajah. Tato Gerasi ewen ndue hengan mite anak kalote palus
misek: "Mbuhen ikau anak?" Handak narai ikau anak? Bua pisang
itah are ih idje masak tuntang kare panginan beken kea are." Koan
Bapa Paloi: "Djaton ati kawalku bangang. Keleh manduan akangku
oloh bawi dengan idje biti anak intu bentuk tana akan kawalku
bangang. Sadang ih kahai oloh te akangku. Idje beken bara te aku
dia nahuang, o apang, umai." Maksud Bapa Paloi iete manjoho raksasa
te manduan Indu Paloi bara tana akae.

Amon katika taloh benteng halemei maka Tato Gerasi manangguh
kaleka Indu Paloi ewen ndue hanak malan. Ewen sampai hete metuh
kandjeran Indu Paloi rekut² mambawau tana tuntang anak Paloi aton
tokep hete bangang. Dia ati mauh² Tato Gerasi manokep palus mane-
kap Indu Paloi ewen ndue hanak mimbit hadari akan parak kaju.
Indu Paloi nambawai mangkariak balaku awat², tapi djaton ati oloh
idje biti bahanji manokep, malah manjahokan arep hareram.

Dia pire katahie Tato Gerasi mimbit Indu Paloi tuntang anak te
balalu sampai kalekae. Hete aton Bapa Paloi manunggu dengan kataharue idje paham. Tato Gerasi malekak Indu Paloi tuntang anak te
intu baun Bapa Paloi: "Tuh ie idje koam male anak." Mite Indu Paloi
dumah maka Bapa Paloi mamaluk anak Paloi sambil hamauh: "Ela
keton mikeh, ewen te bapa, indangku idje mahaga aku hetuh." Indu
Paloi hengan toto mite aton Bapa Paloi hete, idje helo bara te, ingira
matei. "Kilen kasalenga ikau aton hetuh?" koan Indu Paloi sambil

had. Toch bleef hij het kind met lieve naampjes noemen, terwijl hij blij zei: "Het kind dat ik gekregen heb, is een zoon met een borst met donkere afstaande haren." Zo nam hij Bapa Paloi op in de holte van zijn hand, wierp hem omhoog, kuste hem en nam hem in de arm, zoals mensen dat gewoonlijk met babies doen. Vele maanden al leefde Bapa Paloi bij de reuzen Tato Gerasi en hij werd er helemaal verwend. Tato Gerasi ging er op uit om van her en der rijkdommen voor zijn zoon Bapa Paloi mee te brengen, om voor hem te bewaren, voor als hij groot zou zijn. De reus hield werkelijk heel veel van Bapa Paloi. Nooit sloeg Tato Gerasi hem of schold hij hem uit. Als Bapa Paloi ging baden, dan tilde hij hem op, bracht hem naar de rivier en paste op dat er geen ongeluk gebeurde. Na enige tijd kon Bapa Paloi ook spreken, stamelend, zoals een kind dat pas leert praten. Tato Gerasi was nog meer verheugd toen hij zag hoe snel zijn kind spreken kon en hij dacht, dat dit kind, als het later volwassen was geworden, wel een heel verstandig mens zou worden.

Op een dag verlangde Bapa Paloi erg naar Indu Paloi en zijn zoontje Paloi. Zijn gezicht stond donker en hij huilde bijna van heimwee; hij zag er een beetje ziek uit. De beide Tato Gerasi's waren verbaasd dat hij er zo uitzag en ze vroegen hem: "Waarom ben je zo, kind? Wat wil je hebben, kind? Van onze pisangs zijn er veel rijp en er is ook allerlei ander eten." Bapa Paloi zei: "Ik heb geen vriendje om mee te spelen. Haal mij toch die vrouw met haar kind, daar midden op het land, om met mij te spelen. Ze zijn precies van de goede grootte voor mij. Iets anders wil ik niet, behalve dat, o vader en moeder." Het was Bapa Paloi's bedoeling de reus te verzoeken om Indu Paloi voor hem van haar akker te halen.

Toen het reeds halverwege de middag was, ging Tato Gerasi naar de plaats waar Indu Paloi met haar zoontje aan het werk was op het bouwland. Toen hij daar aankwam, was Indu Paloi voorover gebogen aan het wieden, terwijl Paloi vlakbij haar speelde. Geluidloos naderde Tato Gerasi, toen greep hij ineens Indu Paloi en het kind, nam ze mee en rende naar het bos. Indu Paloi schreeuwde en riep om hulp. Maar er was niemand die dichterbij durfde komen, de mensen verborgen zich juist.

Tato Gerasi bracht daarop Indu Paloi en het kind terstond naar zijn huis. Daar wachtte Bapa Paloi met groot verlangen. Tato Gerasi zette Indu Paloi en het kind voor Bapa Paloi neer: "Hier heb je wat je vanmorgen zei." Toen Bapa Paloi zag dat Indu Paloi gekomen was, omhelsde hij Paloi, terwijl hij zei: "Wees niet bang, zij zijn mijn vader

manjarenan katarewee. Te Bapa Paloi manjarita hurui djalanae sampai
ie lembut akan eka Tato Gerasi te. Sanang ih atei Indu Paloi mahining
auh te, tapi angat kikeh magon aton tuntang haradjur manggau djalan
akan hadari bara hete.

Limbah pire² katahie Indu Paloi tuntang anak Paloi umba hete,
maka Tato Gerasi marantjana djalanan kedjau manggau ramu akan
gunan pambelum anak ewen te. Ewen ndue handak manggau panatau
idje labih are tinai nakara anak ewen te dia akan susah tinai amon
ewen kareh djari bakas, tapi belum sanang kilau oloh tatau basewut.
Te koae dengan Bapa Paloi: "Tuh, anak. Kue indum handak mawi
djalanan kedjau manggau djawi ramu, akam kea. Melai buah² intu
huma dengan oloh idje kawalm hikau. Ela ikau malihi huma, karana
aton bakam tahaseng kue indum impelaiku hung tanduk badjang."
Tumbah Bapa Paloi: "Juh, apang umai, mudahan are dinon ih ramo
te."

Tato Gerasi haguet dimpah laut manandjung mahurui danum.
Gutuk² auh, sama kilau auh riwut hai mawi galumbang, auh ewen
ndue te dimpah laut te.

Indu Paloi ewen hanak melai huma dengan kameles haradjur dengan
raksasa te, mikeh sinde katika raksasa te kuman ewen belum². Limbah
kadue katelo Tato Gerasi djadi haguet, te koan Indu Paloi dengan
Bapa Paloi: "Has duan bakam tahaseng ewen ndue hikau bara tanduk.
Medak akae intu hundjun batu sampai pusit." Dia pikir pandjang
Bapa Paloi manduan djete palus mamusit te intu hundjun batu asa.
Bakam tahaseng te pusit tuntang Bapa Paloi dengan anak djariae tuh
mentai dengan atei bagisah.

Metuh te Taro Gerasi ewen ndue harun bentuk laut manandjung.
Te koan idje bawi: "Lehae, salenga burak² angat usukku tuh antai!
Buah² bakam tahaseng itah ndue imusit oloh bawi te, idje djadi kawal
anak itah bangang. Terai, undur ih itah tuh badjeleng." Hemben te
ewen ndue mules arep madu buli huma tinai, tapi hindai djari sampai
sare ewen ndue te balungkang matei intu laut. Awi lungkang ewen
ndue te galumbang hai toto, mawi kapal are kea tamput kahem.

Sana Indu Paloi ewen ndue Bapa Paloi mangatawan Tato Gerasi
djari matei, te ie mamakat Bapa Paloi tolak bara hete buli huma, mimbit
kare ramu idje impelai awi Tato Gerasi te akan ewen. Tagal kare
panatau te Bapa Paloi mandjadi oloh idje tatau basewut akan oloh
lewu tuntang terai tinai kilau oloh humung.

en moeder, die mij hier verzorgen." Indu Paloi was erg verbaasd Bapa Paloi hier weer te zien, omdat zij hem al dood gewaand had. "Hoe ben je zo plotseling hier gekomen?" vroeg Indu Paloi, terwijl zij haar angst in bedwang hield. Toen vertelde Bapa Paloi, hoe hij zijn weg vervolgd had totdat hij bij de woonplaats van Tato Gerasi gekomen was. Indu Paloi was blij toen ze dit hoorde, maar ze bleef nog bang en zocht voortdurend naar een manier om vandaar weg te komen.

Toen ook Indu Paloi en Paloi al een hele tijd bij hen woonden, maakten de Tato Gerasi's een plan voor een verre reis, om dingen te zoeken voor het welzijn van hun kind. Ze wilden nog meer rijkdommen hebben, opdat hun kind, als ze zelf straks oud zouden zijn, geen moeilijkheden zou hebben maar als een welgesteld mens zou kunnen leven. Toen zei hij tegen Bapa Paloi: "Luister, zoon. Je moeder en ik willen een verre reis gaan maken om geneeskrachtige kruiden en rijkdommen te zoeken, ook voor jou. Wees oppassend en blijf in huis met je vriendjes. Verlaat het huis niet, want het potje waar de adem van je moeder en mij inzit wordt door mij aan het hertegewei gehangen." Bapa Paloi antwoordde: "Ja, Vader en Moeder, ik hoop dat jullie veel rijkdommen zullen verkrijgen."

De Tato Gerasi's gingen op weg, ze staken de zee over en liepen door het water. Een geruis zoals wanneer een sterke wind golven maakt, zo'n geruis maakten zij beiden, terwijl ze de zee overstaken.

Indu Paloi en het kind hadden al die tijd dat ze in dat huis woonden argwaan gehad, omdat ze bang waren dat de reuzen hen nog eens levend zouden opeten. Toen de Tato Gerasi's al twee of drie dagen weg waren, zei Indu Paloi tegen Bapa Paloi: "Vooruit, pak het potje met hun adem van het hertegewei. Gooi het tegen een steen zodat het kapot gaat." Zonder lang te denken, nam Bapa Paloi het eraf en sloeg het kapot op een scherpe steen. Het potje met adem was stuk en Bapa Paloi en de zijnen stonden zenuwachtig te wachten.

Juist op dat ogenblik liepen de beide Tato Gerasi's midden op zee. Toen zei de vrouw: "Wat erg, plotseling voel ik dat het klopt in mijn borst, naamgenoot. Zeker is ons potje met adem gebroken door die vrouw die het speelkameraadje van onze zoon is. Vooruit, laten wij snel teruggaan." Op dat moment draaiden zij zich om, met het plan om weer naar huis terug te keren, maar voordat zij de oever bereikt hadden vielen zij beiden dood in de zee. Door hun val ontstonden zulke hoge golven dat veel schepen zonken.

Toen Indu en Bapa Paloi wisten dat de Tato Gerasi's dood waren, drong zij er bij hem op aan, om vandaar weg te gaan naar huis en

10. BAPA PALOI MANGANJAU RIWUT

Bapa Paloi ewen hanak lepah behas tuntang balau. Te Indu Paloi
mekei parei tisae bara para lusuk akan inepe. Ie mekei te hundjun
dawen pilang awi parei te isut toto. Salenga dumah riwut paham, manambalik kare dawen pilang idje eka Indu Paloi mekei parei te. Baja
aton batisa isut bewei, kaha[2] akan kangkujau anak ewen Paloi. Tagal
djete Bapa Paloi paham sangit, bamiat akan mambaleh dengan kahimat
manganjau riwut te. Ie manatap kare pisau lundju, sipet, talawang
tuntang telep damek baipu palus harikas tolak manggoang riwut.

Kadue katelo ie djari manandjung. Te ie hasupa dengan burung
ragak. "Kan kueh ikau, Bapa Paloi?" pisek burung ragak. Tumbah
Bapa Paloi: "Handak manganjau riwut." Te koan burung ragak tinai:
"Kilen maka ikau handak manganjau ie?" Bapa Paloi manjarita buku
ie handak manganjau riwut te. "Taukah aku umba, Bapa Paloi?"
pisek burung ragak tinai. Tumbah Bapa Paloi pandak: "Ela ih, aku
tuh dia katawan katahie." "Dia men ih Bapa Paloi, aku akan umba
ikau manganjau riwut te", tukas burung ragak. "Amon kalote auhm,
ajo ih ikau umba", koan Bapa Paloi mamakat.

Ewen ndue manandjung tinai bara hete. Limbah kadue katelo manandjung ewen hasundau dengan burung Kaka Danda Itjak. Djete kea
misek djalanan Bapa Paloi: "Akan kueh ikau Bapa Paloi?" Te Bapa
Paloi manjarita dengan kapehen atei djalanae kilau auh dengan burung
ragak. Maka burung Kaka Danda Itjak musuk omba kea, tuntang
Bapa Paloi mimbit ie kea.

Kaudju andau cwen telo djari manandjung, kadjariae ewen sampai
idje bukit gantung. Hete aton batu idje rumbak[2]. Rumbak te han-
dalem tuntang tau eka oloh melai. Bapa Paloi mendeng baun rumbak
te marak ujuh tuntang balau.

Te dumah riwut paham manampur ie. Bapa Paloi manenan talawang, manjipet kanngambu, mamangkih kansambil-gantau, palus tame

alle rijkdommen mee te nemen die de Tato Gerasi's voor hen verzamelden. Door al die rijkdom werd Bapa Paloi voor zijn dorpsgenoten
een welgesteld man en hij gedroeg zich niet meer als een domoor.

10. BAPA PALOI BEVECHT DE WIND

De rijst van Bapa Paloi en zijn gezin was op en zij hadden
honger. Wat er nog aan rijst op de bodem van de rijstschuur lag,
droogde Indu Paloi om het te stampen. Zij droogde die rijst op *pilang*-
bladeren, omdat het maar heel weinig was. Plotseling kwam er een
hevige wind, die alle *pilang*bladeren waar Indu Paloi de rijst op droogde omkeerde. Er was nog maar een klein beetje overgebleven, net
genoeg voor de pap van hun kind Paloi. Bapa Paloi was daarover erg
boos; hij zwoer dat hij het de wind zou vergelden en hem de kop
zou snellen. Daarop maakte hij al zijn messen en lansen in orde, zijn
blaasroer, zijn schild en de pijlenkoker met vergiftigde pijlen en vertrok meteen om de wind te zoeken.

Hij liep twee of drie dagen. Toen ontmoette hij de vogel Ragak.
"Waar ga je naar toe, Bapa Paloi?" vroeg de vogel Ragak. Bapa Paloi
antwoordde: "Ik wil de wind zijn kop afslaan!" Toen zei de vogel
Ragak: "Waarom wil je hem de kop snellen?" Bapa Paloi vertelde
hem de reden waarom hij hem de kop wilde snellen. "Kan ik met je
meegaan?" vroeg de vogel Ragak weer. Bapa Paloi antwoordde kort-
af: "Nee, ik weet niet hoe lang ik wegblijf." "Dat doet er niet toe,
Bapa Paloi, ik ga toch met je mee de wind snellen", zei de vogel
Ragak vastbesloten. "Als je dat meent, vooruit, ga dan maar mee",
zei Bapa Paloi, het met hem eens wordend.

Met zijn beiden liepen ze vandaar verder. Nadat ze twee of drie
dagen gelopen hadden, ontmoetten ze de vogel Kaka Danda Itjak. Ook
die vroeg waarheen Bapa Paloi's weg voerde: "Waar ga je heen, Bapa
Paloi?" En Bapa Paloi vertelde hem verdrietig het doel van zijn tocht,
zoals hij het ook aan de vogel Ragak had verteld. Toen vroeg ook de
vogel Kaka Danda Itjak met nadruk mee te mogen; en Bapa Paloi
nam ook hem mee.

Toen zij drieën al zeven dagen gelopen hadden, kwamen zij bij een
hoge berg. Daarin was een spelonk. De holte was diep en er konden
wel mensen in wonen. Bapa Paloi bleef voor die opening staan, terwijl
hij moe en hongerig was.

Toen kwam een hevige windvlaag tegen hem aanwaaien. Bapa Paloi
bracht zijn schild in positie, schoot met zijn blaasroer naar boven,

rumbak. Burung Ragak tuntang burung Kaka Danda Itjak mendeng
baun rumbak te badjaga. Katelo andau katahie ewen kalote.

Salenga aton dumah idje biti oloh balua bara rumbak te. Ie hamauh
dengan Bapa Paloi: "Narai gawim hikau, antai?" "Aku manganjau
riwut", tumbah Bapa Paloi sangit[2]. "Ela melai hikau, amon ikau
handak manganjau riwut", koan oloh te tinai. "Dia aku akan mindah
bara hetuh. Karana hetuh tau ekaku batahan. Talawangku tege tuntang riwut dia tau tame tinai", tumbah Bapa Paloi tinai magon sangit.
"Ela Bapa Paloi, ikei tuh perlu riwut; seke angat tahaseng ikei hetuh
awi riwut djaton tau tame tagal ikau", koan oloh te balaku asi[2].

"Dia aku undur bara hetuh, aku manganjau riwut te sampai ie
matei", koan Bapa Paloi. Maka koan oloh te tinai: "Ela ih Bapa Paloi,
pasi ikei hetuh. Keleh ikau mindah bara hetuh, kareh ikei manenga
akam panatau halimaung balanga." Tumbah Bapa Paloi: "Kanduengku gunae panatau. Djete dia tau kinan akan mambesuh kanaingku idje
balau tuh. Kare anak djariangku idje melai kanih mahin dia aku katawan kadjariae, belum atawa matei balau. Djete katulas riwut dengangku, manambalik kekei ikei hanak." "Ela ih Bapa Paloi, kareh ikei
manenga akam tisin bulau sinta mani", koan ewen te tinai. "Kan en
gunae akangku?" tumbah Bapa Paloi sangit. "Hapam badjapa badjimat, narai idje kanahuang, uras tau mandjadi. Nuhir[2] isut tisin tuh
intu djelam, palus ikau balaku taloh idje kanahuam, maka djete akan
djadi", koan oloh te tinai mandjuluk tisin bulau sinta mani. Bapa Paloi
manarima tisin te palus mantjoba badjapa badjimat balaku panginan
akan ewen telo. Maka djete dumah lasut[2] intu hundjun talam kilau
taloh heran.

Ewen telo balua bara rumbak batu te manandjung buli akan lewu.
Burung Ragak tuntang burung Kaka Danda Itjak hambilang dengan
Bapa Paloi awi tuh kare gawi te uras mandjadi barasih. Bapa Paloi
batarima kasih dengan ewen ndue tuntang manenga kare taloh idje
ilaku ewen ndue.

Bapa Paloi maradjur djalanae akan huma tuntang sampai hete ie
mite Indu Paloi djari ujuh toto balau, tapi untung, anak Paloi magon
belum. Sana sampai Bapa Paloi mampalua tisin sakti te palus balaku
panginan akan ewen hanak.

Kalote ewen Bapa Paloi mandjadi oloh idje sanang akan ewen hung
lewue tuntang mandjadi oloh idje basewut talau ihormat oloh. Djete
mandjadi awi katekang atei Bapa Paloi manuntut bela dengan riwut
idje manambalik kekei te.

sloeg met zijn mes naar links en rechts en ging in de ingang van de grot staan. De vogels Ragak en Kaka Danda Itjak bleven als wachters voor de grot staan. Drie dagen bleven zij zo staan.

Toen kwam er plotseling iemand vanuit die grot. Hij zei tegen Bapa Paloi: "Wat doe je daar, naamgenoot?" "Ik ben op sneltocht tegen de wind", zei Bapa Paloi woedend. "Blijf niet hier, als je de wind wilt snellen", zei die persoon weer. "Ik zal van hier niet weggaan. Want hier kan ik standhouden. Mijn schild staat hier en de wind kan niet meer binnenkomen", zei Bapa Paloi, nog steeds woedend. "Nee, Bapa Paloi, wij hebben de wind nodig; het wordt hier benauwd omdat de wind niet binnen kan komen door jou", zei die persoon en vroeg medelijden.

"Ik ga niet van hier, ik vervolg de wind tot hij dood is", zei Bapa Paloi. Toen zei die man weer: "Nee, Bapa Paloi, heb toch medelijden met ons. Ga hier liever vandaan, dan zullen we je een schat geven, een heilig vat." Bapa Paloi antwoordde: "Wat heb ik aan een schat! Die kan ik niet eten en die kan mijn hongerige buik niet vullen. Mijn hele gezin, dat ik ginds heb achtergelaten, ik weet niet eens in wat voor toestand ze zijn, levend of al dood van de honger. Dat is de gemeenheid van de wind jegens mij: onze rijst, die te drogen lag, heeft hij weggewaaid." "Nee, Bapa Paloi, laten we je dan de gouden ring van het liefdeszaad geven", zeiden zij weer. "Wat heb ik daar nu aan", antwoordde Bapa Paloi woedend. "Daarmee kun je toveren wàt je maar wilt, alles kan je maken. Wrijf deze ring een beetje op je tong en vraag wat je wilt, het zal komen", zeiden zij en zij reikten de ring over. Bapa Paloi nam de ring aan en probeerde meteen te toveren: hij vroeg eten voor hun drieën. En dat kwam warm en wel op een dienblad, als een wonder.

Zij verlieten de grot en liepen terug naar het dorp. De vogel Ragak en de vogel Kaka Danda Itjak scheidden van Bapa Paloi, omdat het werk dat gedaan moest worden nu klaar was. Bapa Paloi bedankte hen en gaf beiden wàt ze maar van hem vroegen.

Bapa Paloi zette zijn tocht naar huis voort en daar gekomen zag hij dat Indu Paloi erg moe was van de honger, maar gelukkig, zijn zoon Paloi leefde nog. Toen hij dan aangekomen was, nam Bapa Paloi terstond de heilige ring en vroeg eten voor henzelf en het kind.

Voor hun dorpsgenoten golden Bapa Paloi en de zijnen nu als tevreden mensen, die het goed hadden, terwijl ze bekend en geëerd waren om hun rijkdom. Dit was gekomen door de halsstarrigheid van Bapa Paloi, toen hij wraak nam op de wind die de rijst had omgegooid.

BAPA PALOI MODERN

Bapa Paloi djari kurang labih lime puluh njelo umur. Tapi matae babute tagal panjakit mata idje dia inantamba. Tagal te ie baja melai hung huma bewei, djaton bara gawi; mundok menter, kuman mihup. Anake Paloi bagawi duan upah omba oloh pakanan kanaie, dia ulih manduhup oloh bakas. Djadi Indu Paloi ih idje satiar bagawi manggau balandja akan kinan ewen ndue Bapa Paloi intu huma. Tagal te puna aton kasusah idje hai akan Indu Paloi dan pangulih dia sukup mamili panginan. Bara pangulih ie baja ulih mamili behas tuntang ujah balasan bewei. Kare lauk sajur dia ulih mamilie awi duit dia sukup; dan djete inggau kabuat intu tana. Aton kea wajah sajur intu tana lepah dan ie manggau sajur kalakai akan balut genep andau.

Bapa Paloi intu huma sasar tjerewet; ie santar manggau balut mangat amon wajah kuman dan manggau Indu Paloi pasut parut dengae kilau kapatut oloh bawi dengan kabalie. Tapi sinde tuh haranan Bapa Paloi babute Indu Paloi tarapaksa dia lalau melai huma manggau taloh kinan ewen ndue. Hal kalotuh dia Bapa Paloi haratie. Genep andau ie mangarunum bakutuk hamauh metuh wajah kuman djaton bara balut mangat.

Koae: "Djaton idje Indu Paloi tuh; dia tau mawi balut. Baja luntuh kalakai bewei genep andau, manang balasae ngahai bua pinang. Djaka kawin bihin dengan bawin Djawa, dia baka aku kasusah tuh. Bawin Djawa tau mawi balut, lauk tanggiri imanggang dengan sambal balasan. Dia maka ie tumun tuh ampie, kilau gawin Indu Paloi idje barangai tuntang tulas."

Indu Paloi suni ih mahining auh Bapa Paloi kalote dan ie katawan Bapa Paloi djari nampara ngalilu, dia lalau beres pikiran awi kahaban babute. Tapi awi genep andau Bapa Paloi hamauh radjur[2] kalote tepa ie kea rahas. Koae dengan Bapa Paloi: "Has aku magah ikau akan kapal manalih bawin Djawa idje tumun koam." Bapa Paloi handjak dan hingkat ininting Indu Paloi akan batang lompat akan djukung munduk hete. Te Indu Paloi manduan idje tetek kaju mamukul timbau djukung mawi auh kilau auh oloh mambesei tuntang kanatek mangga-

BAPA PALOI IN MODERNE VERSIE

Toen Bapa Paloi ongeveer vijftig jaar oud was, was hij blind, omdat hij een oogziekte had gehad en niet naar de dokter was gegaan. Daarom bleef hij altijd maar thuis zonder te werken; hij zat en lag, at en dronk. Hun zoon Paloi, die bij andere mensen woonde waar hij werkte en zo de kost verdiende, kon zijn ouders niet helpen. Dus was het Indu Paloi die er op uitging om te werken en inkomsten te zoeken voor het levensonderhoud van zichzelf en Bapa Paloi, die thuisbleef. Daarom had Indu Paloi het zwaar en haar verdiensten waren niet genoeg om eten te kopen. Van haar inkomsten kon ze alleen rijst, zout en trasi kopen. Vis en groente kon zij niet kopen, omdat zij niet genoeg geld had. De groente haalde zij zelf van haar land. Maar soms was de groente van het bouwland op; dan zocht ze iedere dag bladeren van een eetbare slingerplant uit het bos om als bijgerecht te dienen.

Bapa Paloi, die thuisbleef, had steeds meer aanmerkingen; hij vroeg altijd lekkere bijgerechten als het etenstijd was; en hij wou dat Indu Paloi hem liefkoosde en masseerde, zoals het een vrouw betaamt haar man te doen. Maar omdat Bapa Paloi blind was, kon Indu Paloi noodgedwongen juist toen niet veel thuis zijn, omdat ze voor eten voor hen beiden moest zorgen. Maar Bapa Paloi begreep dat niet. Iedere dag, als het etenstijd was, mopperde hij luid dat er geen lekkere bijgerechten waren.

Hij zei: "Wat een vrouw, die Indu Paloi; ze kan niet eens een bijgerecht maken. Elke dag alleen maar gekookte blaadjes van bosplanten met een stukje trasi nog niet zo groot als een pinangvrucht. Was ik vroeger maar met een Javaanse vrouw getrouwd, dan zou ik nu niet aldoor moeilijkheden hebben. Javaanse vrouwen kunnen bijgerechten maken, geroosterde zeevis met sambal van trasi. Zij doen het niet zoals Indu Paloi, die onverschillig en hardvochtig is."

Indu Paloi zweeg maar als Bapa Paloi zulke dingen zei, want ze wist wel dat Bapa Paloi al kinds begon te worden en dat zijn verstand niet erg helder meer werkte door zijn blindheid. Maar omdat Bapa Paloi voortdurend dagelijks zo sprak, werd ze tenslotte toch woedend. Ze zei tegen Bapa Paloi: "Vooruit, ik zal je naar een boot brengen, om naar die Javaanse vrouw te gaan waar je het over hebt." Bapa Paloi was blij en stond op om, geleid door Indu Paloi, naar de aanlegsteiger te gaan; hij stapte in de roeiboot en ging zitten. Toen nam Indu Paloi een stuk hout en tikte daarmee tegen de rand van de boot, zodat het klonk of iemand roeide, en van tijd tot tijd liet ze de boot

ling djukung. Dia pire katahie limbah te ie mimbit Bapa Paloi lompat batang tinai dan koae: "Has ikau lompat kapal hai dimpah laut Djawa, karana tuh itah djari sampai Bandjarmasin. Buah² ih ikau hung kapal, riak hai oloh tau bisa luntus tagal galombang hai." Te ie mimbit Bapa Paloi lompat sudur (djukung korik) idje aton indjarat hung batang ewen te kea. Limbah Bapa Paloi lompat te koan Indu Paloi: "Keleh menter ih mangat ela babusau." Bapa Paloi menter hung sudur te, maka Indu Paloi manggaling djukung sudur te paham toto, sampai kanatek danom tame mambisa Bapa Paloi idje menter intu huang. Bapa Paloi mangkeme djete kilau manjuro galombang hai dan hamauh: "Hakajah kahai galombang laut Djawa tuh!" Tapi ombet katahie Indu Paloi mandjudju sudur te akan sare manintu saran tiwing petak. Palus Indu Paloi mandjarat sudur te intu sare dan ha-mauh basa Melaju dengan Bapa Paloi: "Mari² bang sajang, naik keru-mah; kasihan lama dilaut tjape." Ie maninting Bapa Paloi mamaluk ie kilau gawin bawin oloh kota dengan kabalie. Te koan huang Bapa Paloi: "Beken kea angat idje kawin dengan bawin Djawa!" Indu Paloi mampundok ie hung amak dan mantjumbu ie hapan basa Melaju. Limbah te ie pakasak panginan palus mamapui kiwak dapur petak dan hamauh: "Abang suka panggang ikan tenggiri? Hari ini kita beroleh ikan tenggiri untuk kawan nasi kita." Tawe² Bapa Paloi manjeneh auh te dan dia mingat Indu Paloi tinai, karana tuh ie akan mangkeme kamangat. Indu Paloi manata danum pire² kali hundjun kiwak dapur idje imapui dan auh menjar² kilau auh enjak lauk bakehu. Mahining auh te Bapa Paloi sasar handjak dan kenang² dengan kuman panggang lauk tenggiri. Te koae hung atei: "Menjak kea lauk tenggiri idje imanggang awi kabalingku tuh. Tapi kilen dia ati ewau."

Limbah bari djari masak tuntang kare balut beken kea djari tatap, Indu Paloi manjarongan Bapa Paloi bari dengan luntuh sajur kangkung dengan sambal tuntang kiwak dapur kilau gantin panggang tenggiri, taloh idje ingenang awi Bapa Paloi bara sawae bawin oloh Djawa te. "Ini panggang tenggirinja bang!" koan Indu Paloi mandjudju kiwak dapur hundjun piring. Te Bapa Paloi manjingkap djete marak kabute dan mamangkit mado kumae. Kiwak dapur puna batekang maka ka-singan Bapa Paloi idje djari bakas bakiwak-kiwak kea manggarudan

schommelen. Na een poosje liet ze Bapa Paloi weer aan wal gaan en zei: "Kom, ga nu aan boord van het grote schip dat de Javazee oversteekt, want we zijn al in Bandjarmasin. Wees voorzichtig op het schip; de golven zijn hoog en je zou doornat kunnen worden door die hoge golven." Toen leidde ze Bapa Paloi naar een nog kleinere roeiboot, die ook aan hun steiger vastgebonden lag. Nadat Bapa Paloi was ingestapt, zei Indu Paloi: "Ga maar liggen, anders word je nog zeeziek." Bapa Paloi ging in de boot liggen en Indu Paloi liet hem erg schommelen, zodat van tijd tot tijd het water binnenkwam en Bapa Paloi, die er in lag, natmaakte. Op Bapa Paloi maakte dat de indruk alsof hij door hoge golven ging, en hij zei: "Wat zijn die golven van de Javazee hoog!"

Na een hele tijd echter duwde Indu Paloi het bootje in de richting van de oever van de rivier. Meteen legde Indu Paloi het bootje vast aan de wal en ze zei in het Maleis tegen Bapa Paloi: "Komaan, lieve man, kom in huis; wat zielig dat je zo moe bent van die lange zeereis." Zij leidde Bapa Paloi gearmd, zoals de vrouwen in de grote steden dat met hun man doen. Toen zei Bapa Paloi in zichzelf: "Dat is wel wat anders, getrouwd te zijn met een Javaanse vrouw." Indu Paloi liet hem op een mat zitten en sprak in het Maleis vleiende woorden tegen hem. Daarna kookte zij het eten; ze roosterde een scherf van de aardewerken vuurpot en zei: "Man, houd je van zeevis? Vandaag krijgen wij zeevis om bij onze rijst te eten." Bapa Paloi glimlachte toen hij dat hoorde en hij dacht niet meer aan Indu Paloi, omdat hij nu iets lekkers zou proeven. Indu Paloi besprenkelde de scherf die ze in het vuur hield verschillende keren met water en het siste zoals het vet van de vis sist als die in het vuur geroosterd wordt. Steeds vrolijker werd Bapa Paloi toen hij dat hoorde, steeds meer verlangend om geroosterde zeevis te eten. Hij zei in zichzelf: "Die vis, die door mijn vrouw geroosterd wordt, is wel vet. Maar wat vreemd dat ik niets ruik."

Nadat de rijst gaar was en alle andere bijgerechten gereed waren, zette Indu Paloi Bapa Paloi rijst voor met gekookte *kangkung* als groente, met sambal en met een scherf van de aardewerken vuurpot in plaats van geroosterde zeevis, het eten dat Bapa Paloi van zijn Javaanse vrouw verwachtte. "Hier is de geroosterde zeevis, man!" zei Indu Paloi nog steeds in het Maleis, terwijl ze de scherf op Bapa Paloi's bord legde. Bapa Paloi greep deze vast, omdat hij blind was, en beet erin met de bedoeling hem op te eten. De aardewerken scherf was natuurlijk hard, zodat de tanden van Bapa Paloi, die al oud waren,

kiwak dapur idje inahae panggang tenggiri. Te koae hung atei: "Amon matjam tuh radjur[2] te kasingangku akan lepah barempang. Ampie lauk tenggiri tuh dia mangat, batekang sama kilau batu dia akan djadi kapatuh itah kumae." Genep andau Indu Paloi kilau bawin Djawa manjarongan ie dengan panggang kiwak dapur idje injewut akan Bapa Paloi lauk tenggiri.

Kadjariae Bapa Paloi peda dan tarakenang Indu Paloi; taraingat djuhu kalakai idje injewut dia mangat amon ie mamander masakan bawin Djawa. Maka sinde andau ie balaku agah buli akan ekae, mananggguh Indu Paloi. Te sawae idje bawin Djawa te mimbit ie tinai akan batang lompat djukung dan mengkak lawak djukung, palus menggaling djukung dan manipuk danum isut kanatek buah Bapa Paloi. Bapa Paloi mangira ie djari mahurui laut dan galombang hai. Ombet katahie Indu Paloi mandjudju djukung te akan sare manintu saran petak tinai. Indu Paloi lompat akan hundjun helo bara Bapa Paloi tapi limbah te mohon tinai bara huma palus balait paham: "Kilen ikau buli tinai? Kueh sawam te bawin Djawa idje radjur[2] inaram amon wajah ikau kuman omba aku?"

Bapa Paloi suni bewei dan ininting awi Indu Paloi akan huma. Hete Indu Paloi manjewut kahumung, kapaleng, handak manggau taloh mangat tapi dia kasene kasusah idje buah ie. Indu Paloi manarang akae, idje ie handak kea mawi taloh mangat akan kinan tapi bara kueh duit akan mamili te. Kalote kea Indu Paloi handak ih idje mahaga ie kilau bawin oloh kota dengan kabalie, pasut parut genep andau, tapi Indu Paloi djaton panan dan tolak bagawi manggau ongkos belum.

Harun Bapa Paloi harati arep tinai dan tuh ie marak babute omba kea bagawi, ie halaliai mandjawet kare buwu tampirai akan manggau lauk. Djete imasang awi Indu Paloi dan mandino lauk sukup akan balut ewen dan tengah belah indjual akan mamili taloh beken akan ramon dapur. Bara katika djete pambelom ewen aton sanang sanang isut bara helo, kuman dia baja balut luntuh kalakai radjur[2] genep andau.

begonnen af te brokkelen toen hij ze over de scherf raspte waarvan hij meende dat het geroosterde zeevis was. Toen dacht hij bij zichzelf: "Als het altijd zo is, zullen mijn tanden helemaal afbreken. Deze zeevis is blijkbaar niet lekker, maar hard als een steen, niet zoals wij ze gewend waren te eten." Iedere dag bood Indu Paloi, als Javaanse vrouw, hem een geroosterde scherf van de vuurpot aan, waarvan ze tegen Bapa Paloi zei dat het geroosterde zeevis was.

Na enige tijd kreeg Bapa Paloi er genoeg van en hij verlangde naar Indu Paloi; hij dacht aan de groentesoep van wilde groenten, waarvan hij gezegd had dat ze niet lekker was, als hij placht te spreken over de kookkunst van Javaanse vrouwen. Daarom vroeg hij op zekere dag om weer teruggebracht te mogen worden naar zijn woonplaats om Indu Paloi te ontmoeten. Toen bracht zijn Javaanse vrouw hem weer naar de steiger, ging aan boord van de boot en maakte het touw van de boot los; terstond liet ze de boot schommelen en ze sprenkelde van tijd tot tijd wat water over Bapa Paloi. Bapa Paloi dacht, dat hij over de zee en de hoge golven ging. Na lange tijd richtte Indu Paloi de boot naar de oever en bracht hem weer aan wal. Indu Paloi ging aan wal vóór Bapa Paloi; ze kwam daarna weer uit huis en begon meteen erg te schelden: "Wat, ben jij weer terug? En waar is je Javaanse vrouw, waar je het steeds over had, toen je nog bij mij at?"

Bapa Paloi zei maar niets en werd door Indu Paloi het huis binnengebracht. Daar vertelde Indu Paloi hem hoe dom en beperkt van inzicht het was, dat hij lekkere dingen wou hebben maar niet dacht aan de moeilijkheden die zij had. Indu Paloi maakte hem duidelijk, dat ook zij graag lekkere bijgerechten voor het eten wilde maken, maar waar moest ze het geld vandaan halen om die te kopen? Evenzo zou Indu Paloi hem wel willen verzorgen zoals de stadse mevrouwen hun echtgenoot verzorgen, iedere dag liefkozen en masseren, maar Indu Paloi had daarvoor nu eenmaal geen gelegenheid: zij moest er op uitgaan om hun levensonderhoud te verdienen.

Toen pas kwam Bapa Paloi weer tot zichzelf; en toen hielp hij mee met het werk, al was hij ook blind. Heel bewonderenswaardig vlocht hij fuiken en manden om vis mee te vangen. Indu Paloi zette ze uit en zij vingen genoeg vis voor hun maaltijden; een gedeelte kon nog worden verkocht, zodat andere dingen, die nodig waren voor de keuken gekocht konden worden. Vanaf die tijd was hun leven wat prettiger dan vroeger. Ze hoefden niet meer elke dag alleen maar wilde groenten als bijgerecht te eten.

Printed in the United States
by Baker & Taylor Publisher Services